Matthieu Deloison

Un Livre Pour Aider Au Développement Facile

**Les 5 Étapes pour
Créer des Applications
JavaScript Performantes !**

Auteur : Matthieu Deloison
Couverture, mise en page et relecture : Ondine Laradi
Texte et relecture : Mathieu Le Neures

Les Editions Deloison

www.developpement-facile.com

Matthieu Deloison

Un Livre Pour Aider Au Développement Facile

**Les 5 Étapes pour
Créer des Applications
JavaScript Performantes !**

TABLE DES MATIÈRES

PRÉFACE 9

INTRODUCTION 13

CHAPITRE 1

DÉCOUVERTE DU POTENTIEL DU LANGAGE JAVASCRIPT 19

CHAPITRE 2

COMMENT UTILISER LES VARIABLES 29

CHAPITRE 3

APPRENEZ TOUTES LES FONCTIONS JAVASCRIPT UTILES 33

CHAPITRE 4

DÉCOUVREZ LES DIFFÉRENTS TYPES DE DONNÉES EN JAVASCRIPT 43

CHAPITRE 5

COMMENT UTILISER LES OPÉRATEURS ARITHMÉTIQUES 53

CHAPITRE 6

CONTROLER L'EXÉCUTION DU CODE AVEC LES CONDITIONS 61

CHAPITRE 7

CONTRÔLEZ L'EXÉCUTION DU CODE AVEC LES BOUCLES 69

CHAPITRE 8

COMMENT CRÉER VOS FONCTIONS AVEC JAVASCRIPT 79

CHAPITRE 9

COMMENT CRÉER ET UTILISER LES OBJETS EN JAVASCRIPT 85

CHAPITRE 10

COMMENT GÉRER LES ERREURS AVEC JAVASCRIPT 95

CHAPITRE 11

LES TABLEAUX JAVASCRIPT ARRAY
N'AURONT PLUS DE SECRET POUR VOUS 105

CHAPITRE 12

COMMENT EFFECTUER DU DÉBUT EFFICACE AVEC JAVASCRIPT 119

CHAPITRE 13

DÉCOUVREZ TOUS LES ÉVÉNEMENTS JAVASCRIPT 129

CHAPITRE 14

DÉCOUVREZ LA PUISSANCE DU DOM ET DE L'OBJET DOCUMENT 141

CHAPITRE 15

MANIPULATION DES CHAÎNES DE CARACTÈRES 159

CHAPITRE 16

COMMENT UTILISER LES FONCTIONNALITÉS DATE
AVEC JAVASCRIPT 171

CHAPITRE 17

MANIPULEZ LES FORMULAIRES AVEC JAVASCRIPT 179

CHAPITRE 18

RENDEZ VOTRE SITE WEB COMPATIBLE
AVEC TOUS LES NAVIGATEURS DU MARCHÉ 199

CHAPITRE 19

UTILISEZ TOUTES LES INFORMATIONS
DE L'OBJET WINDOW AVEC JAVASCRIPT 205

CHAPITRE 20

COMMENT UTILISER L'OBJET SCREEN AVEC JAVASCRIPT 219

CHAPITRE 21

COMMENT L'OBJET JAVASCRIPT HISTORY
VOUS DONNE UN TAS D'INFORMATIONS 225

CHAPITRE 22

COMMENT EFFECTUER DES REDIRECTIONS JAVASCRIPT
AVEC L'OBJET LOCATION 231

CHAPITRE 23

MANIPULEZ LES IMAGES DIRECTEMENT AVEC JAVASCRIPT 239

CHAPITRE 24

UTILISEZ LES COOKIES JAVASCRIPT
POUR CONSERVER LES INFORMATIONS DE VOS VISITEURS 247

CHAPITRE 25

COMMENT MODIFIER LES LIENS D'UNE PAGE WEB
EN DIRECT AVEC JAVASCRIPT 255

CHAPITRE 26

POURQUOI ET COMMENT UTILISER AJAX
AVEC DES EXEMPLES APPLICATIONS 263

CHAPITRE 27

À VOTRE TOUR D'UTILISER TOUT LE POTENTIEL D'AJAX
GRÂCE À XMLHTTPREQUEST 273

CHAPITRE 28

EXEMPLE D'UTILISATION D'AJAX 291

CHAPITRE 29

RÉALISEZ VOTRE PROPRE GOOGLE SUGGEST................................305

ALLEZ PLUS LOIN ! 314

QUI EST MATTHIEU ? 315

REMERCIEMENTS 316

Préface

Ce que vous avez à y gagner

Dans votre vie de développeur, le seul objectif vers lequel vous devriez tendre pour avoir la sécurité financière, des projets passionnants et la tranquillité d'esprit d'avoir des applications JavaScript stables, c'est de simplifier la vie de vos clients en créant l'application qui répond à leurs besoins et qui soit performante quelque soit sa complexité.

En créant des applications JavaScript performantes, vous ressentirez une grande fierté - celle d'avoir dépassé vos limites, d'avoir repoussé le langage JavaScript dans ses derniers retranchements en contribuant d'avantage à la satisfaction de vos clients. En le faisant, vous montez la barre d'un cran sur votre marché. Ceux qui vous voyaient autrefois comme un concurrent vous voient désormais comme étant un mentor, un modèle qu'ils doivent suivre.

En concevant des applications JavaScript performantes, vous allez gagner le respect de votre employeur ou de vos clients (si vous êtes freelance) qui, voyant que vous faîtes un excellent travail, seront inspirés par la qualité de votre prestation et voudront toujours travailler avec vous.

Créez des applications JavaScript Performantes et vous serez libre de choisir les projets les plus intéressants, vous ne dépendrez plus de personne ; et surtout, vous aurez une grande confiance dans l'avenir.

Lorsque l'on crée des applications JavaScript performantes, les clients viennent "tout seul" : vous avez une nouvelle clientèle d'acheteurs qui se fient à la recommandation d'autres clients et vous avez une clientèle constante qui revient encore et encore, parce que ces clients savent que vous allez toujours répondre à toutes leurs demandes et bien plus encore.

Ce qui risque d'arriver si nous ne faîtes pas l'effort de créer des applications javascript performantes, si vous ne consentez pas à faire cet effort, vous risquez de perdre " du temps et des clients".

Alors qu'au contraire, le développeur qui crée des applications JavaScript performantes a le temps et le loisirs d'améliorer ses compétences en programmation et de devenir encore meilleur.
Si, de votre côté, vous développez des applications juste satisfaisantes, sans plus - vous êtes sans doute toujours entrain d'essayer de justifier tel ou tel défaut de l'application auprès de votre client, de trouver des excuses (ou des justifications) qui font fuir vos clients.

Ce manque de compétence met perpétuellement en danger votre avenir financier.

Si vous créez des applications JavaScript tout juste satisfaisante, vous n'aurez pas le choix de vos projets.

Si vous êtes juste un développeur moyen, vous pouvez perdre un client à tout moment, votre application peut planter avec un bug fatal n'importe quand. Un développeur moyen est sans cesse à la recherche de nouveau client et de solutions "magiques" pour corriger les bugs de son application.

Créez des applications JavaScript performantes, c'est gagner du temps et des clients sur les projets les plus intéressants.

INTRODUCTION

Ce qui vous attend dans les pages à venir

Dans ce livre, je vais vous expliquer les 5 Étapes pour Créer des Applications JavaScript Performantes.

Vous allez commencer en vous appuyant sur des bases solides avec le langage JavaScript.

Puis, vous allez découvrir les principes essentiels du langage JavaScript, ce qui vous permettra de créer vos premières applications grâce aux nombreux exemples de code source fournis.

Ensuite, vous allez apprendre à utiliser un des piliers du langage JavaScript : les événements et la manipulation du DOM, ainsi que l'objet Document.

Je vais aussi vous expliquer comment utiliser les objets et les fonctions les plus communs, ceux dont vous aurez le plus souvent besoin dans la création de vos applications JavaScript performantes.

Et pour terminer, vous allez découvrir comment exploiter le potentiel de JavaScript avec l'utilisation d'AJAX et de XMLHttpRequest dans vos applications.

Il y a également un chapitre manquant à ce livre.

Ce livre est différent des autres livres traitant de la programmation JavaScript.

Il s'agit d'un livre multimédia qui apporte de l'interactivité entre vous et moi.

Pour consulter le chapitre manquant rendez-vous à cette adresse :

http://www.programmation-facile.com/chapitre-js

Vous recevrez l'ensemble des codes source de ce livre, classés par chapitre. Vous aurez accès à un contenu complémentaire au livre pour aller plus loin dans la conception d'applications JavaScript performantes.

Et l'avantage, c'est que vous pourrez me poser toutes vos questions techniques sur JavaScript.

Tout un programme dans ce premier livre multimédia !

Attaquons tout de suite avec le premier chapitre !

...

1ÈRE ÉTAPE :

Écrire

APPAREMMENT,
IL N'Y A RIEN QUI SOIT IMPOSSIBLE
AUJOURD'HUI

10
11100
01001
101

– MARK TWAIN

CHAPITRE 1

DÉCOUVERTE DU POTENTIEL DU LANGAGE JAVASCRIPT

Dans ce premier chapitre, nous allons répondre à deux questions essentielles pour un débutant :
- Comment écrire du code en JavaScript ?
- et Où écrire le code JavaScript ?

Comme tout autre langage, JavaScript est organisé en une succession d'instructions. Il est important de respecter la syntaxe particulière à la rédaction des instructions. Il est également important de savoir où vous pouvez écrire ces instructions, JavaScript étant un langage interprété, il n'est pas nécessaire d'être dans un fichier dédié.

Comment écrire du code JavaScript ?

Le code JavaScript est une succession d'instructions. Une instruction est un ensemble de mots clés, d'expressions et/ou d'opérateurs.

Les instructions sont séparées par des points-virgules «;». En général, on écrit une seule instruction par ligne, la fin de la ligne se terminant par un point-virgule.

Exemple :

```
var x = prompt('Quel est votre nom');
document.write('Nom : ' + x) ;
```

Il est possible de réunir plusieurs instructions dans des blocs d'instructions. Ils sont alors délimités par des accolades «{}». Vous allez vous servir des blocs d'instruction lorsque vous écrirez des fonctions, des boucles ou des conditions.

Le double slash «//» vous permet de rajouter des commentaires. Tout ce qui se trouve sur la ligne derrière le double slash est considéré comme du commentaire.

Exemple :

```
var nombre = 56 ; //le nombre 56
```

Pour écrire un bloc de commentaire (plusieurs lignes de commentaire), vous pouvez utiliser le slash «**/**» suivi de l'étoile «*****» pour commencer le bloc de commentaire, et l'étoile suivi du slash pour terminer le bloc de commentaire.

Exemple :

```
/*
Ceci est un bloc de commentaire, sur plusieurs
lignes.
Tout ce qui est inclus entre le slash étoile et
le étoile slash est du commentaire.
*/
```

Où écrire le code JavaScript ?

Il y a deux manières principales d'écrire le code JavaScript dans une page.

La première est d'écrire le code directement dans les balises HTML. Pour ce faire, vous allez utiliser une propriété particulière des balises HTML : le gestionnaire d'événements.

Elle porte le nom de l'événement et contient le code JavaScript qui doit se déclencher si celui-ci survient.

<u>Exemple :</u>

```
<!DOCTYPE html>
<html>
  <body>
    <input type="button" value="Test"
      onclick="alert('Bonjour !');"/>
  </body>
</html>
```

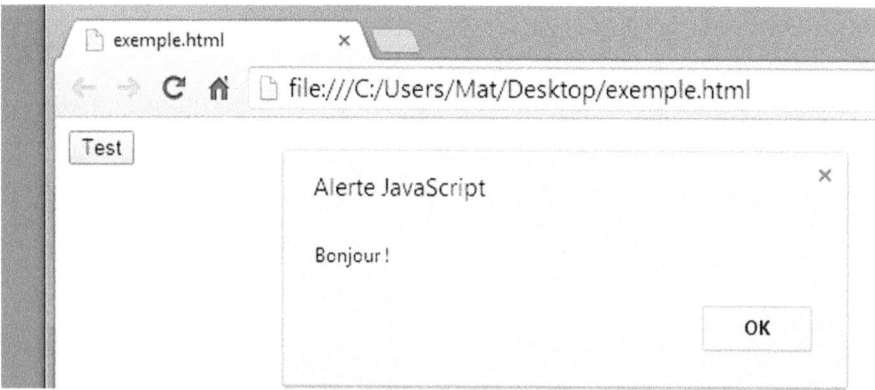

Dans cet exemple, nous avons juste créé un bouton en HTML auquel nous avons lié l'événement JavaScript **onclick**. Celui-ci surveille le clic sur le bouton et dès que le clic à lieu, il exécute le script. Dans cette propriété, nous exécutons le script suivant : alert('Bonjour !');

Pour voir une liste des évènements JavaScript, je vous renvoie sur le chapitre des évènements. Pour en savoir plus sur la **fonction alert()** qui a été utilisée ici, je vous renvoie au chapitre dédié aux fonctions utiles.

Comme vous pouvez le voir, le script est très cours, c'est pourquoi ce n'est pas gênant de le mettre directement dans la balise. Quand le script est plus long, plusieurs lignes, il est intéressant de mettre le script en fonction (voir le chapitre sur les fonctions en JavaScript) et le placer soit en début de programme dans une balise script, soit dans un fichier séparé.

En HTML, il existe une balise script qui vous permet de placer du code JavaScript.

Syntaxe :

```
<script type="text/javascript" >
// Le code Javascript ...
</script>
```

Si on reprend l'exemple au-dessus, nous aurions pu écrire :

```
<!DOCTYPE html>
<html>
  <script type="text/javascript">
function test(){
  alert('Bonjour !');
}
  </script>
  <body>
    <input type="button" value="Test"
    onclick="test();"/>
  </body>
</html>
```

Cela nous permet de ne pas surcharger les balises HTML avec du code JavaScript. Tout le code JavaScript se retrouve alors dans une partie bien spécifique de la page HTML, ce qui est bien plus pratique pour la maintenance.

Mais vous pouvez faire encore mieux et mettre le code JavaScript dans un fichier séparé. Pour ce faire, nous allons préciser une référence au fichier JavaScript .js dans la balise script à l'aide de la propriété **src** de la balise, et placer le code JavaScript dans le fichier .js ainsi référencé.

Toujours avec le même exemple :

- La partie HTML :

```
<!DOCTYPE html>
<html>
  <head>
     <script type="text/javascript" src="test.
     js"></script>
  </head>
  <body>
     <input type="button" value="Test"
     onclick="test();"/>
  </body>
</html>
```

- Le fichier test.js :

```
function test(){
    alert('Bonjour !!');
}
```

L'intérêt est, ici encore, de ne pas surcharger le code de la page HTML et de déporter tout le code JavaScript dans un fichier séparé. Au final, vous ne gardez que les liens entre les évènements et les fonctions JavaScript dans la page HTML.

Conclusion

Vous savez désormais écrire du JavaScript, et plus important encore, où l'écrire. C'est peut-être la partie la plus complexe pour un débutant, puisque sans le savoir vous avez abordé dans ce chapitre, la mise en fonction de code JavaScript et la programmation événementielle. Rassurez-vous, ces deux notions seront vues plus en détails par la suite. Comme vous pouvez le constater même si les concepts derrières sont complexes, leur mise en œuvre reste très simple avec JavaScript. Ce langage est vraiment adapté à cela et en très peu de ligne, on peut faire énormément de choses.

Note

....
....
....
....
....
....
....
....
....
....
....
....
....
....
....
....
....
....
....
....
....
....
....
....
....
....
....
....
....
....
....
....
....
....

SI VOUS NE COURREZ PAS APRÈS
CE QUE VOUS VOULEZ,
VOUS NE L'AUREZ JAMAIS.
SI VOUS NE DEMANDEZ PAS,
LA RÉPONSE SERA TOUJOURS NON.
SI VOUS NE FAITES PAS UN PAS
EN AVANT, VOUS RESTEZ TOUJOURS
AU MÊME ENDROIT

— NORA ROBERTS

CHAPITRE 2

COMMENT UTILISER LES VARIABLES

Dans ce chapitre, vous allez apprendre à déclarer et utiliser les variables en JavaScript. Les variables sont la base de tout langage de programmation, vous allez voir qu'en JavaScript, elles sont vraiment très simples à utiliser. Premièrement, vous n'avez pas à vous soucier du type de la variable (entier, tableau, chaîne de caractère, ...) au moment de sa déclaration comme dans les autres langages. En effet, c'est l'affectation d'une donnée à la variable qui va déterminer son type. Deuxièmement, leur utilisation est aussi extrêmement simplifiée. Vous n'avez pas à gérer la mémoire comme dans certain langage, JavaScript s'occupe de tout.

Déclaration de variables

En JavaScript, pour déclarer une variable, vous utilisez simplement le mot clé **var** suivi du nom de votre variable.

Exemple :

```
var lib ;
```

Vous pouvez initialiser une variable au moment de sa déclaration en utilisant l'opérateur « = », si vous ne le faites pas, alors la variable sera de type **undefined**.

Exemple :

```
var lib = 'Libellé' ;
```

Vous pouvez déclarer plusieurs variables en même temps sur une seule ligne, il suffit alors d'utiliser le mot clé **var** suivi du nom des variables séparés par des virgules.

Exemple :

```
/*
mavariable1 est de type undefined et ne
contient rien
mavariable2 est de type number et contient 50
mavariable3 est de type string et contient la
chaîne de caractères 'test'
*/
var mavariable1, mavariable2 = 50, mavariable3 = 'test' ;
```

Conclusion

Vous savez maintenant déclarer et utiliser des variables en JavaScript, même si le concept est très simple à comprendre, l'utilité des variables en programmation n'est pas à démontrer. Vous allez les utiliser tout le temps. JavaScript à une approche très simplifié des variables à la fois pratique et intuitive. Plus besoin de se soucier du type ou de la mémoire qu'elle occupe, tout est géré par JavaScript.

LES DEUX SECRETS DU SUCCÈS :
1. COMMENCER
2. FINIR

— *ANONYME*

CHAPITRE 3

APPRENEZ TOUTES LES FONCTIONS JAVASCRIPT UTILES

Dans ce chapitre, vous allez apprendre quelques fonctions JavaScript qui vous seront très utiles. Avant d'aller plus loin et de rentrer dans le vif du sujet, nous allons aborder trois fonctions ou méthodes qui vont vous aider à apprendre la programmation en JavaScript. En effet, ces méthodes vous seront très utiles pour tester les morceaux de codes JavaScript et même les futures applications web que vous allez développer.

Parmi les fonctionnalités de bases de JavaScript, vous avez à disposition l'objet **window** que nous aborderont plus en détails dans un autre chapitre. Cet objet contient plusieurs méthodes dont certaines vous seront rapidement indispensables.

La fonction alert()

alert() est une méthode de l'objet **window**. Cette méthode affiche une boîte de dialogue avec un message d'avertissement. On rencontre souvent cette boîte de dialogue lorsqu'il y a une erreur dans un site Internet. C'est le code JavaScript qui l'affiche pour prévenir l'utilisateur. Le message affiché est personnalisable, il peut contenir des caractères alphanumériques, des caractères accentués, des espaces et même des sauts de lignes.

Pour écrire le message sur plusieurs lignes, utilisez le caractère spécial de retour chariot «**\n**». Vous pouvez également y afficher des variables, en fait, tout ce dont vous avez besoin pour indiquer un message d'alerte pertinent à l'utilisateur. Lorsque cette boîte de dialogue est affichée, JavaScript arrête son exécution et se met en attente d'un événement de l'utilisateur, d'une action de sa part. L'utilisateur doit simplement appuyer sur le bouton OK.

On peut également se servir de la méthode **alert()** pour effectuer du débogage très rapidement sur une application. Cela vous permet d'afficher la valeur des variables dans une boite de dialogue.

Exemple de code :

```
alert('Hello world!');
```

Exemple d'affichage d'une boite de dialogue **alert()** sous Chrome (le rendu d'affichage dépend du navigateur) :

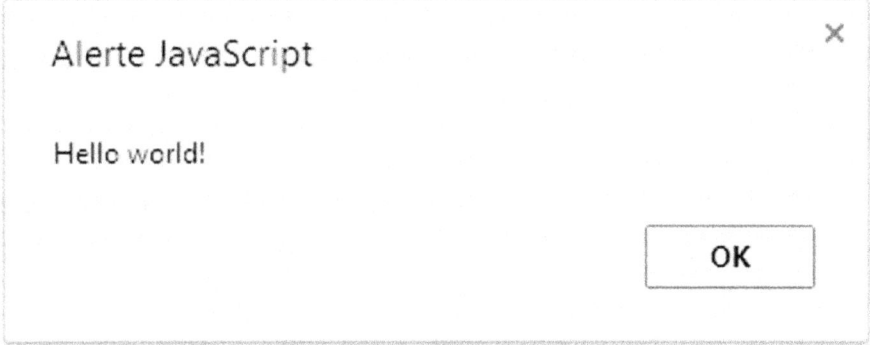

La fonction confirm()

Vous avez également la méthode **confirm()** de l'objet **window**. Cette méthode affiche une boîte de dialogue avec un message et deux boutons pour l'utilisateur, il y a un bouton OK et un bouton ANNULER. La méthode **confirm()** retourne un booléen. Il sera à **true** (vrai en français) si l'utilisateur appui sur le bouton Ok, **false** (faux en français) s'il appuie sur le bouton ANNULER, sur la touche du clavier Echap ou sur le bouton de fermeture. Comme pour la méthode **alert()**, vous pouvez afficher un message à l'utilisateur.

Vous pouvez récupérer la réponse de l'utilisateur dans une variable booléenne et bien sûr, tester cette variable afin d'exécuter un code différent en fonction de l'action de l'utilisateur. Vous pouvez aussi tester directement le retour de la méthode **confirm()** dans un test de condition, « **if** » par exemple.

Exemple de code :

```
confirm('Voulez-vous continuer ?');
```

Exemple d'affichage d'une boite de dialogue **confirm()** :

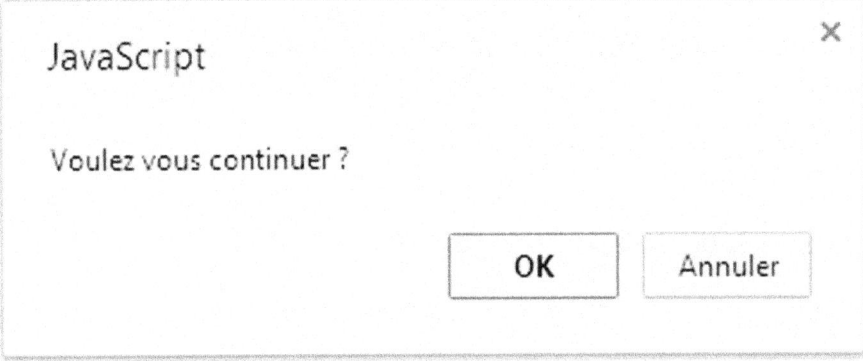

La fonction prompt()

La méthode **prompt()** appartient à l'objet **window**. Une fois invoquée, elle affiche un message avec un champ de saisie pour une valeur. C'est également une boîte de dialogue avec deux boutons, OK et ANNULER. Si l'utilisateur appuie sur le bouton OK, alors la valeur du champ de saisie sera retournée, sinon la valeur **null** sera retournée. Si l'utilisateur ne saisit rien dans le champ, alors la valeur **null** sera également retournée. Il est aussi possible d'afficher une valeur par défaut dans le champ de saisie pour l'utilisateur.

Exemple de code :

```
prompt('Quel est votre nom','Nom');
```

Exemple d'affichage d'une boite de dialogue **prompt()** :

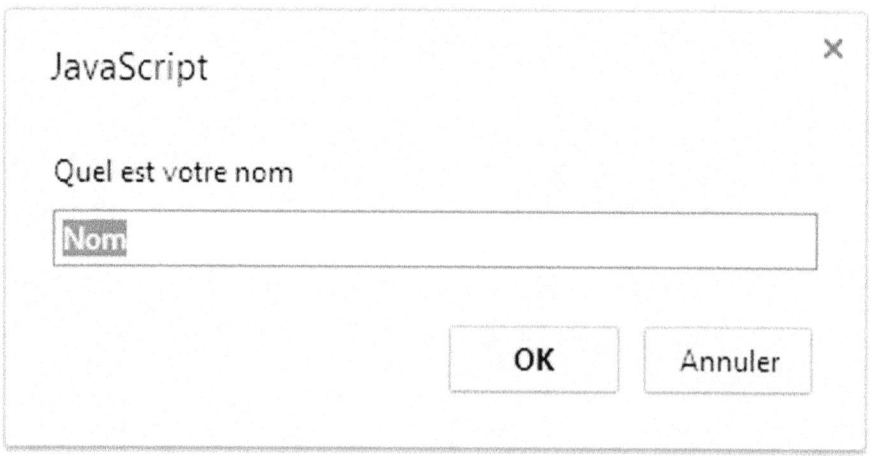

Un exemple complet :

```
var nom = prompt('Quel est votre nom','Nom');
var test = confirm('Voulez vous continuer ?');
if(test && nom != null)
{
    alert('Bonjour ' + nom);
}
```

Attention, sur les navigateurs récents, vous aurez sans doute un avertissement pour empêcher la page de générer des boites de dialogue supplémentaires.

Conclusion

Vous pouvez utiliser ces trois méthodes : **alert()**, **confirm()** et **prompt()**, pour faire du débogage rapide, pour vérifier le contenu d'une variable ou pour demander à l'utilisateur de saisir des variables. Ces méthodes vous seront très utiles pour tester votre code très rapidement.

Note

....
....
....
....
....
....
....
....
....
....
....
....
....
....
....
....
....
....
....
....
....
....
....
....
....
....
....
....
....
....
....
....
....

100 RÉSOLUTIONS NE PEUVENT RIEN FACE À UNE ACTION

— SÉBASTIEN NIGHT

CHAPITRE 4

DÉCOUVREZ LES DIFFÉRENTS TYPES DE DONNÉES EN JAVASCRIPT

Dans ce chapitre, vous allez voir les différents types de données utilisables en JavaScript. Vous avez trois types de données primaires en JavaScript qui sont les nombres, les chaînes de caractères et les booléens.

Il existe également deux types de données composites qui sont les objets et les tableaux qui seront abordés dans un chapitre ultérieur, et enfin, deux types de données spéciaux qui sont **null** et **undefined**.

TYPE DE DONNÉES PRIMAIRES

1 - Les nombres

Vous avez les nombre (type **number**). Il peuvent être écrit en base décimale, octale ou en hexadécimale.

En base décimale, ce sont les nombres classiques que vous utilisez tous les jours. Ils peuvent être entiers ou à virgule. Ils peuvent également être négatifs, ils sont alors précédés du signe moins.

En JavaScript, un nombre décimal s'écrit sur 17 chiffres maximum, ces chiffres vont de 0 à 9.

Exemple d'écriture de nombres entiers :

```
69
345
4592
-987
```

Exemple d'écriture de nombres à virgule et leurs correspondances :

3.12	3,12
.001	0,001
1e-3	0,001
3.458e2	345,8

En base octale, les nombres sont en base 8, c'est-à-dire que vous ne pouvez utiliser que les chiffres de 0 à 7. Ces nombres sont obligatoirement entiers et positifs et ils commencent toujours par 0 pour les distinguer des nombres en base décimale.

Exemple d'écriture de nombres en base octale et leurs correspondances en décimal :

0235741	80865
0105	69
01852	écrire cela renverra une erreur, puisque le chiffre 8 n'existe pas en base octale

En hexadécimale, les nombres sont constitués d'une suite de caractères qui comprend les chiffres décimaux de 0 à 9, et les lettres de A à F, donc 16 caractères au final. Pour écrire un nombre en hexadécimal, il faut le précéder des caractères « 0x».

Exemple d'écriture de nombres en hexadécimal et leurs correspondances en décimal :

0xFFF	7777
0xE32A	8154
0x123AF	74671
0x45	69

NaN (Not a Number) est retourné lorsque vous utilisez de mauvaises données pour faire des opérations mathématiques.

Vous avez également la méthode **isNaN** qui permet de vérifier si la valeur d'une variable est bien un nombre. Cette méthode retourne un booléen.

2 - Les chaînes de caractères

Vous avez les chaînes de caractères (type **string**) que vous connaissez sûrement si vous avez déjà programmé dans d'autres langages. Vous les avez déjà croisées dans le chapitre précédent sur les fonctions utiles. En JavaScript, les chaînes de caractères sont énormément utilisées, c'est pourquoi il existe de nombreuses méthodes pour les manipuler.

Une chaîne de caractères est composée de zéro, un ou plusieurs caractères Unicode (lettre, chiffre et signe de ponctuation) et entouré de guillemets ou d'apostrophes. Vous verrez dans un autre chapitre comment manipuler les chaînes de caractères.

Exemple :

```
'Bienvenu sur développement facile !'
"L'opération suivante : 2 + 2 = 4"
'69'
```

Il existe quelques caractères spéciaux que vous devez absolument connaître :

\n	pour passer à la ligne
\\	pour afficher l'antislash \
\'	pour afficher l'apostrophe
\»	pour afficher le guillemet

3 - Les booléens

Les booléens (type **boolean**) ne peuvent prendre que deux valeurs, vrai ou faux. En JavaScript, ils s'écrivent **true** ou **false**. Une valeur booléenne est très souvent utilisée dans les conditions car celles-ci nécessitent une réponse binaire vraie ou fausse. Le résultat d'une comparaison est toujours un booléen.

Exemple :

```
var bool = true ; //un booléen à vrai
```

TYPES DE DONNÉES SPÉCIAUX

Le type **null** ne prend qu'une seule valeur. De ce fait, le mot **null** ne peut pas être utilisé comme nom de fonction ou de variable, il est réservé pour JavaScript. Une variable contenant **null** ne contient rien. En affectant **null** à une variable, vous pourrez effacer son contenu sans la supprimer.

Vous avez le type indéfini. En JavaScript, la valeur du type indéfini est **undefined**. Il est retourné quand une variable a été déclarée mais n'a pas encore été affectée.

Vous pouvez utiliser l'opérateur **typeof** pour connaître le type d'une variable s'il est défini. Cette opération retournera **undefined** si le type n'est pas connu.

Exemple :

```
var i;
alert(i);          //affichera undefined puisque
                   //i n'est pas encore défini
i='test';
alert(i);          //affichera test
alert(typeof i);   //affichera string
                   //(type de la variable i)
i=null;
alert(i);          //affichera null
```

48

Conclusion

Vous connaissez maintenant les principaux types de données qui existent en JavaScript. Comme vous avez pu le voir, ils ne sont pas nombreux, mais ils sont largement suffisants pour ce que vous aurez à en faire dans une utilisation quotidienne. JavaScript étant un langage dédié aux sites Web, ces différents types couvrent les besoins essentiels. Si vous avez besoin de types supplémentaires, vous pouvez les créer vous-même grâce aux objets que vous aborderez dans un chapitre ultérieur.

2ÈME ÉTAPE :

Programmer

L'ÉCHEC N'EXISTE PAS.
SEULS LES RÉSULTATS EXISTENT

11100

– ANTHONY ROBBINS

01001

101

CHAPITRE 5

COMMENT UTILISER LES OPÉRATEURS ARITHMÉTIQUES

Dans ce chapitre, vous allez apprendre à utiliser les opérateurs mathématiques et les opérateurs logiques. Les premiers vous servirons pour les calculs sur les nombres, alors que les seconds vous servirons dans les opérations de comparaisons. Vous verrez également des opérateurs « raccourcis » et des opérateurs supplémentaires propres au langage JavaScript.

Les opérateurs arithmétiques

Les premiers opérateurs mathématiques que vous connaissez tous :

Symbole	Description
+	Addition
-	Soustraction ou négation
*	Multiplication
/	Division
%	Modulo (reste de la division)

Vous avez aussi deux opérateurs supplémentaires qui vous servirons à incrémenter ou décrémenter votre nombre. Ils sont très utilisés dans les boucles.

Symbole	Description
++	Incrémentation
--	Décrémentation

Exemple :

```
var x = 2 ;        //x = 2
var y = x + 2 ;    //x = 2 et y = 4
y = y * 2 ;        //x = 2 et y = 8
y = y++ ;          //x = 2 et y = 9
x = x-- ;          //x = 1 et y = 9
x = y%5 ;          //x = 4 et y = 9
y = y/2 ;          //x = 4 et y = 4,5
y = -x ;           //x = 4 et y = -4
```

Les opérateurs logiques

Ces opérateurs vous serviront dans tout ce qui est comparaison pour les conditions et les boucles.

Symbole	Description
!	Non logique
<	Inférieur
>	Supérieur
<=	Inférieur ou égal
>=	Supérieur ou égal
==	Egalité
!=	Inégalité
&&	Et logique
||	Ou logique
===	Egalité stricte
!==	Inégalité stricte

La différence entre l'égalité et l'égalité stricte. L'égalité stricte va comparer le contenu de la variable et son type alors que l'égalité simple ne va comparer que le contenu.

Exemple :

```
var a = 1 ;
var b = '1' ;
var v = (a == b) ; // v prend la valeur true (vrai)
var f = (a === b); // f prend la valeur false (faux)
```

Ici, nous avons a, qui est un type nombre qui vaut 1 et b, qui est un type chaîne de caractères qui vaut 1. Leur valeur est identique, mais pas leur type.

Les opérateurs raccourcis

Vous avez des opérateurs raccourcis en JavaScript, ils existent aussi dans d'autres langages.

Plutôt que d'écrire i = i + 3 pour ajouter 3 à i, vous pouvez utiliser l'opérateur raccourci += en faisant i += 3. Vous pouvez ainsi combiner plusieurs opérateurs :

Symbole	Description
+=	Addition
-=	Soustraction
*=	Multiplication
/=	Division
%=	Modulo

Les opérateurs supplémentaires

En JavaScript, vous avez plusieurs opérateurs supplémentaires qui existent.

Symbole	Description
delete	Supprimer
typeof	Type de variable
void	Aucun
instanceof	Est une instance de à
new	Nouveau
in	Appartient

- **delete** : vous permet de supprimer complètement une variable

- **typeof** : vous donne le type d'un objet **string**, **number**, **boolean**, **object**, **function** ou **undefined** si le type n'est pas défini

Conclusion

Vous connaissez désormais l'essentiel des opérateurs utiles en JavaScript, outre les opérateurs mathématiques qui pourront vous servir dans les boucles, les opérateurs logiques vous seront indispensables dans l'écriture des conditions. A vous de vous renseigner sur l'utilisation des opérateurs logiques, il existe de nombreux cours de logique sur internet pour vous aider, ce n'est pas très compliqué au final, il n'y a que quelques règles très simple à connaître.

Note

....
....
....
....
....
....
....
....
....
....
....
....
....
....
....
....
....
....
....
....
....
....
....
....
....
....
....
....
....
....
....
....
....

10

NE RÊVEZ PAS
QUE CE SOIT PLUS FACILE.
DÉCIDEZ SIMPLEMENT
D'ÊTRE MEILLEUR

11100

01001

— *JIM ROHN*

101

CHAPITRE 6

CONTROLER L'EXÉCUTION DU CODE AVEC LES CONDITIONS

Dans ce chapitre, vous allez apprendre à maîtriser les conditions. Cela va vous permettre de structurer votre code et d'en contrôler l'exécution.

En JavaScript, les instructions sont exécutées de façon séquentielle, de la gauche vers la droite et du haut vers le bas. Vous pouvez modifier ce séquencement en utilisant les conditions «**if, else**». Cela vous permet de ne pas exécuter une partie des instructions et d'introduire la notion de choix dans votre code.

La condition if

Vous pouvez paramétrer l'exécution d'un bloc d'instruction en utilisant l'opérateur conditionnel **if** en l'utilisant suivi d'un test conditionnel portant sur une expression ayant pour résultat un booléen. Vous allez exécuter le bloc d'instruction si le résultat du test est vrai et vous ne l'exécuterez pas si le résultat est faux.

Exemple :

```
var condition = confirm('Voulez-vous continuer ?');
if(condition)
{
    alert('Félicitation') ;
}
```

Dans cet exemple, nous allons d'abord exécuter la méthode **confirm** qui va demander à l'utilisateur d'interagir avec une boite de dialogue. S'il appuie sur OK alors la variable **condition** va passer à **true**, et passera à **false** s'il appuie sur ANNULER.

L'instruction suivante (alert('Félicitation') ;) ne sera exécutée qu'en fonction du test conditionnel qui suit l'opérateur **if**. Si l'utilisateur a répondu OK, alors une boite de dialogue "Félicitation" s'ouvrira.

Dans le test conditionnel, vous pouvez inclure plusieurs opérations séparées par des opérateurs logiques.

<u>Exemple :</u>

```
if(x == 5 || x == 10)
{
    alert('x est égal à 5 ou à 10') ;
}
```

Le résultat de ces opérations devraient toujours être un booléen. Si ce n'est pas le cas, le test est toujours considéré comme ayant un résultat vrai, sauf s'il s'agit d'un nombre égal à 0, une chaîne de caractères vide, les mots clés **null** et **undefined**.

Les conditions if else

Pour aller plus loin dans l'utilisation des blocs conditionnels «**if**», vous pouvez y ajouter un bloc conditionnel «**else**». Celui-ci sera exécuté si la première condition n'est pas respectée.

Exemple :

```
if(x == 5){
    alert('x est égal à 5') ;
}
else{
    alert('x est différent de 5') ;
}
```

Vous pouvez ajouter un nouveau test conditionnel après le «**else**» en ajoutant un «**if**» suivi du test conditionnel. Dans ce cas, vous pouvez répéter plusieurs blocs d'instructions **if... else if... else if... else...**

Exemple :

```
if x == 5){
    alert('x est égal à 5') ;
}
else if (x == 10){
    alert('x est égale à 10') ;
}
else{
    alert('x est différent de 5 et de 10') ;
}
```

Les conditions switch

Plutôt que de répéter plusieurs fois les instructions «**if, else**» vous pouvez utiliser l'instruction «**switch**» si les tests conditionnels portent sur la même expression. Pour apprendre à utiliser le «**switch**», le mieux est de passer par un exemple.

La syntaxe est la suivante :

```
switch(expression)
{
    case x :
instruction1 ;
        break;
    case y :
instruction2 ;
        break;
    default:
        instruction3;
}
```

Dans cet algorithme, si le résultat de l'expression est comparé à chaque case. S'il est égal à x, alors l'instruction1 est exécutée. Si le résultat est égal à y, alors l'instruction2 est exécutée. Par défaut, si le résultat de l'expression est différent de x et de y, alors c'est l'instruction3 qui est exécutée.

L'expression peut-être une simple variable, ou une fonction.

A quoi servent les **breaks** ?

Les **breaks** vont vous permettre de sortir du bloc d'instruction immédiatement, c'est-à-dire que le code qui suit ne sera pas exécuté. Dans le cas contraire, vous allez exécuter les instructions suivantes et vous risquez d'exécuter des instructions que vous ne voulez pas. Il est préférable de toujours coder un **break** à la fin de chaque **case**.

Exemple :

```
var jour;
switch (new Date().getDay()) {
    case 0:
        jour = «Dimanche»;
        break;
    case 1:
        jour = «Lundi»;
        break;
    case 2:
        jour = «Mardi»;
        break;
    case 3:
        jour = «Mercredi»;
        break;
    case 4:
        jour = «Jeudi»;
        break;
    case 5:
        jour = «Vendredi»;
        break;
    case 6:
        jour = «Samedi»;
        break;
}
```

Conclusion

Les conditions sont un élément essentiel de tout langage de programmation. JavaScript ne fait pas exception et son implémentation ne diffère pas vraiment des autres langages. Si vous avez déjà utilisé un autre langage vous ne serez pas dépaysé.

Contrôler le déroulement de l'exécution de votre code est vraiment très utile. Cela va vous permettre de gérer toutes sortes de cas d'utilisation de votre site Web. Il sera alors beaucoup plus personnalisé et pourra répondre au mieux aux attentes de vos visiteurs.

TOUT EST DIFFICILE
AVANT D'ÊTRE SIMPLE

– TH. FULLER, GNOMOLOGIA

CHAPITRE 7

CONTRÔLEZ L'EXÉCUTION DU CODE AVEC LES BOUCLES

Dans ce chapitre, on continu sur le contrôle du séquencement de votre programme. Cette fois, vous allez apprendre à répéter plusieurs fois un bloc instruction grâce aux boucles.

Les boucles for

On commence par la boucle **for**. Cette boucle vous permet d'exécuter un bloc d'instruction un nombre de fois déterminé. La boucle **for** est souvent utilisée pour parcourir le contenu d'un tableau.

<u>Syntaxe :</u>

```
for(expression 1 ; expression 2 ; expression 3)
{
    Bloc d'instruction
}
```

- L'expression 1 est exécutée avant le début de la boucle.
- L'expression 2 est une expression logique qui détermine la condition de fin de la boucle. Tant que cette expression est vraie, le bloc d'instruction est exécuté.
- L'expression 3 est exécutée après chaque exécution du bloc d'instruction.

Même si vous pouvez mettre ce que vous voulez dans les différentes expressions, il est conseillé de garder une certaine cohérence entre elles.

Par exemple, on va initialiser une variable dans l'expression 1 (en général un compteur), l'expression 2 va définir une expression logique en rapport avec la variable de l'expression 1 (valeur maximale du compteur) et l'expression 3 va agir sur cette variable (incrémentation du compteur).

Exemple :

```
for(var i = 0; i < 3; i ++)
{
    document.write(«Valeur de i : " + i + "
<br />");
}
```

Dans cet exemple :

Avant le début de la boucle on initialiser i à 0
On test la condition i < 3, c'est vrai
Donc, on exécute le bloc d'instruction
Ensuite, on exécute la dernière expression i ++, donc i passe à 1

On test la condition i < 3, c'est vrai
Donc, on exécute le bloc d'instruction
Ensuite, on exécute la dernière expression i ++, donc i passe à 2

On test la condition i < 3, c'est vrai
Donc, on exécute le bloc d'instruction
Ensuite, on exécute la dernière expression i ++, donc i passe à 3

On test la condition i < 3, c'est faux
On sort de la boucle

Les boucles for... in

Les boucles **for... in** permettent de parcourir les propriétés d'un objet.

<u>Par exemple :</u>

```
for(var x in window)
{
    document.write(x +»<br />»);
}
```

Cette instruction va vous permettre de récupérer toutes les propriétés de l'objet **window** et de les afficher.

Les boucles while, do… while

Vous avez aussi les boucles **while**, et **do… while** qui font quasiment la même chose. La différence est que **while** vérifie d'abord la condition avant d'exécuter le bloc d'instruction, alors que **do...while** exécute d'abord l'instruction et vérifie la condition après. Cela permet de toujours exécuter au moins une fois le bloc d'instruction. Pour le reste, ces deux boucles fonctionnent exactement pareil.

```
while(expression logique)
{
      Bloc d'instructions
}

do
{
      Bloc d'instructions
}
while(expression logique)
```

Attention aux boucles infinies avec les boucles **while**. Alors qu'une boucle **for** est assez rigide dans la façon de s'exécuter, il y a peu de chance de faire des boucles infinies. Ce n'est pas le cas avec les boucles **while**, prévoyez des sorties de boucle, par exemple, en utilisant un **break** (voir ci-dessous).

Exemple qui aura le même résultat que la boucle **for** précédente :

```
var i = 0 ;
while(i < 3)
{
  document.write("Valeur de i : " + i + " <br />");
  i ++ ;
}
```

Avant la boucle on initialise une variable i à 0. Tant que i est strictement inférieur à 3 alors on écrit dans le document la valeur de i, puis on incrémente i de 1 et on boucle.

Résultat :

Valeur de i : 0
Valeur de i : 1
Valeur de i : 2

L'instruction break

Vous avez déjà vu l'instruction **break** dans le chapitre précédent sur les conditions avec l'utilisation du **switch**. Cette instruction peut également être utilisée dans les boucles, elle va servir à quitter une boucle sans allez au bout de lcelle-ci. Cela vous permet d'optimiser l'exécution de votre script. Par exemple, lorsque vous faites une recherche dans un tableau, il est inutile de parcourir tout le tableau si vous trouvez l'élément recherché avant la fin du tableau. C'est là que vous pouvez utiliser l'instruction **break**.

Exemple :

```
var text = "abcdefghijklmnopqrstuvwxyz"
for(var i = 1 ; i <= 26; i ++)
{
    if(text.charAt(i) == 'k')
    {
        break;
    }
}
    alert("La lettre k est en position " + i + "
dans l'alphabet");
```

Dans cet exemple, plutôt que de parcourir l'ensemble de l'alphabet, la boucle s'arrêtera dès que la lettre 'k' sera trouvée.

L'instruction continue

A l'inverse de l'instruction **break**, vous avez l'instruction **continue** qui permet de continuer l'exécution de la boucle en ignorant les instructions derrière le **continue**. Cela permet de « sauter » certaines valeurs de la boucle.

Exemple :

```
var sTxt = "";
for (j=0;j<15;j++)
{
    if (j==3) {
        continue;// n'affiche pas la valeur 3
    }
    sTxt += "\nLa valeur de j est égale à : "+j;
}
alert(sTxt);
```

Conclusion

Vous connaissez maintenant toutes les instructions pour contrôler l'exécution de votre script. Les boucles et les conditions sont des éléments essentiels pour développer des algorithmes complexes dans les applications. Il est indispensable de les maîtriser, mais comme vous avez pu le constater ces éléments sont très simples d'utilisation, le concept se base uniquement sur de la logique, c'est donc très simple à implémenter dans vos scripts.

**L'OBSTINATION
EST LE CHEMIN DE LA RÉUSSITE.**

10

11100

01001

101

- CHARLIE CHAPLIN

CHAPITRE 8

COMMENT CRÉER VOS FONCTIONS AVEC JAVASCRIPT

Dans ce chapitre, vous allez apprendre à créer vos propres fonctions. Vous en avez déjà vu quelques-unes fournies par JavaScript comme **alert()** ou **confirm()**. L'utilité des fonctions est d'alléger votre code tout en augmentant sa maintenabilité.

Les fonctions

Plutôt que de répéter plusieurs fois une série d'instructions, vous pouvez les mettre dans une fonction et la rappeler plusieurs fois. L'avantage est que, d'une part, votre code sera moins lourd, et d'autre part, votre série d'instruction pourra être réutilisée plus tard. Vous pouvez ainsi créer toute une librairie de fonctions qui vous seront utiles dans plusieurs applications.

Une fonction peut éventuellement avoir des paramètres d'entrée et retourner une valeur. Pour écrire une fonction, vous allez utiliser le mot clé **function**.

Pour ajouter des paramètres d'entrée, il suffit de les préciser derrière le nom de la fonction entre les parenthèses. Chaque paramètre est séparé par une virgule, vous pouvez en mettre autant que vous voulez dans la limite du raisonnable. En effet, plus vous aurez de paramètres d'entrée plus **function** sera compliqué à utiliser.

Pour faire un retour à la fonction vous devez utiliser le mot clé **return**.

Syntaxe d'une fonction avec trois paramètres d'entrées et un retour :

```
function nom(param1, param2, param3)
{
    Bloc d'instructions à éxecuter
    return retour ;
}
```

Exemple :

```
function calculX(a, b)
{
    var x = a + (b * b) ;
    return x ;
}
```

Exemple d'appel à la fonction :

```
var x = calculX(3,4) ;
// x sera égale à 3 + ( 4 x 4 ) = 19
```

81

Conclusion

Vous savez désormais écrire des fonctions en JavaScript et comme vous l'avez sans doute constaté, c'est vraiment très simple et vous pourrez en retirer de nombreux intérêts.

Le premier est une clarification du code. Vous n'êtes plus obliger d'écrire tout le code dans le fichier HTML mais bien dans un ou plusieurs fichiers séparés avec leurs fonctions. Dans le fichier HTML, vous n'aurez plus que des appels aux fonctions ce qui allège énormément le code.

Le deuxième intérêt est pour la maintenance. Il est beaucoup plus facile de cibler un bug dans une fonction que dans un programme complexe.

Le troisième intérêt est la possibilité de réutiliser les fonctions. En effet, même si vous avez écrit une fonction pour une application particulière, rien ne vous empêche de la réutiliser pour une autre application. Vous pouvez même écrire tout un ensemble de fonctions utilitaires que vous pourrez réutiliser dans différentes applications. C'est ce que l'on appelle une bibliothèque logicielle.

Note

....
....
....
....
....
....
....
....
....
....
....
....
....
....
....
....
....
....
....
....
....
....
....
....
....
....
....
....
....
....
....
....
....

LA CLÉ DE LA RÉUSSITE, C'EST LE DÉSIR.

- AL PACINO

CHAPITRE 9

COMMENT CRÉER ET UTILISER LES OBJETS EN JAVASCRIPT

Dans ce chapitre, vous allez apprendre à créer et utiliser les objets en JavaScript. Il faut savoir que pratiquement tout en JavaScript est un objet que ce soit les nombres, les chaînes de caractères, les booléens ou les tableaux par exemple.

En JavaScript, un objet est une collection de propriétés et de méthodes. Les propriétés sont des variables propres à l'objet, tandis que les méthodes sont des fonctions dédiées à l'objet. Vous avez donc déjà vu des objets sans le savoir. **number** et **string** sont des objets par exemple.

La programmation orientée objet

La programmation orientée objet utilise évidement les objets dans une représentation particulière. Ici, vous verrez un exemple d'objet très simple avec la voiture qui est une bonne représentation mais qui a peu de lien avec l'informatique. Pour voir les objets plus en rapport avec les pages Web, nous pouvons citer les objets **window** pour la fenêtre, **document** pour la page HTML, **history** pour l'historique de navigation, **image** pour la gestion des images. Ces objets existent déjà en JavaScript vous n'aurez pas à les écrire et ils vous seront présentés dans des chapitres ultérieurs.

Sans rentrer dans les détails de la programmation orientée objet, voilà ce que vous devez savoir sur cette méthode de programmation. C'est avant tout la modélisation d'un objet avec ses propriétés propres et ses méthodes. Par exemple, si on décide de modéliser une voiture on peut définir ses propriétés : couleur, marque, année, vitesse et ses méthodes : accélérer, freiner...

L'un des avantages de la conception objet est de pouvoir à partir d'un objet, créer plusieurs instances de celui-ci. Ainsi, à partir de l'objet voiture, vous allez pouvoir créer plusieurs voitures qui auront les mêmes propriétés mais avec des valorisations différentes. Par exemple, une Peugeot rouge de 2012, une Renault bleu de 2009, etc.

Un autre des avantages dans la programmation orientée objet est de pouvoir facilement mettre en interactions différents objets. Tout cela est étudié en amont au moment de l'analyse du projet, ce qui facilite grandement le développement par la suite. On détecte ainsi très rapidement quelles vont être les interactions d'un objet à l'autre.

Les objets en JavaScript

Pour créer un objet en JavaScript il existe plusieurs méthodes, ici, vous n'en verrez qu'une seule. C'est la plus complète et c'est celle qui est le plus facilement réutilisable.

Ainsi, pour déclarer un nouvel objet, vous allez utiliser la syntaxe suivante :

```
function MonObjet(variable1, variable2, variable3)
{
    this.propriete1 = variable1 ;
    this.propriete2 = variable2 ;
    this.propriete3 = variable3 ;
    this.methode1 = function(){
        Bloc d'intruction
    }
    this.methode2 = function(){
        Bloc d'intruction
    }
}
```

Ceci est un exemple de syntaxe, vous pouvez mettre autant de propriétés et de méthode à votre objet que vous le voulez. Le mot-clé important ici est **this**. Avec ce mot-clé, vous liez une variable à un objet qui devient une propriété de l'objet, de même avec une fonction qui devient une méthode de l'objet. Les propriétés sont des variables et les méthodes des fonctions, vous pouvez retrouver tout ce qu'il y a savoir sur les variables et les fonctions dans les chapitres précédents.

Exemple de déclaration d'objet :

```
function Voiture(sCouleur, sMarque, nPuissance)
{
    this.couleur = sCouleur;
    this.marque = sMarque;
    this.puissance = nPuissance ;
    this.vitesse = 0 ;
    this.accelerer = fucntion(){
    if(this.vitesse < this.puissance*10)
        this.vitesse += 1 ;
    }
    this.freiner = fucntion(){
        if(this.vitesse > 0){
            this.vitesse -= 1 ;
        }
    }
}
```

Pour créer un objet, on parle plutôt d'instancier un objet, on utilise le mot-clé **new**.

Syntaxe :

```
var objet1 = new MonObjet(variable1, variable2,
variable3) ;
```

Avec cette instruction, vous allez créer une instance de l'objet "MonObjet".

Exemple :

```
var maVoiture = new Voiture("rouge","inc",10);
```

Sachez également qu'il est possible de rajouter des propriétés et des méthodes à une instance d'un objet par la suite pour des besoins ponctuels :

Syntaxe pour ajouter une propriété :

```
MonObjet.propriete4 = variable4 ;
```

Syntaxe pour ajouter une méthode :

```
MonObjet.methode3 =
function(variablea,vairaibleb){
    Bloc d'instruction
}
```

Exemple :

```
maVoiture.vitesseMax = function(){
    return this.puissance*10 ;
}
```

Pour utiliser un objet, modifier une propriété ou faire appel à une de ses methodes, il suffit d'utiliser le nom de l'objet suivi du point suivi de la propriété ou de la variable à laquelle vous voulez accéder.

Exemple :

```
//modifie la propriete couleur de maVoiture
maVoiture.couleur = "bleu" ;
//execute la fonction methode1 de l'objet1
maVoiture.accelerer();
```

Pour supprimer une propriété ou une méthode d'un objet ou l'objet lui-même, vous devez utiliser le mot-clé **delete**.

Syntaxe :

```
delete MonObjet.propriete2 ;
delete MonObjet.methode1 ;
delete MonObjet ;
```

Conclusion

Vous savez maintenant créer et utiliser les objets JavaScript, définir ses propriétés et ses méthodes. La programmation orientée objet est devenue incontournable de nos jours, il est important que vous maîtrisiez cette technique. Vous en avez vu une simple introduction et peut-être que vous voyez déjà l'utilité qu'il y a derrière ce concept. Cependant, vous devriez vraiment approfondir le sujet il existe de nombreux documents relatant du sujet sur Internet. Pour ce qui nous interesse en JavaScript, la création d'objet est très simplifiée tout comme leur utilisation.

Note

LA DÉTERMINATION EST LE FACTEUR LE PLUS IMPORTANT DE LA RÉUSSITE.

- LORD CHESTERFIELD

CHAPITRE 10

COMMENT GÉRER LES ERREURS AVEC JAVASCRIPT

Dans ce chapitre, vous allez apprendre à gérer les erreurs de votre application. Elles peuvent avoir deux sources principales, une mauvaise utilisation de votre application ou une erreur de programmation de celle-ci. Vous allez apprendre à gérer ces deux situations grâce aux exceptions.

Erreur en JavaScript

Pour créer une erreur, vous devez utiliser l'objet **Error**. Cet objet est très simple d'utilisation :

Pour créer une **Error**, utilisez le constructeur suivant :

```
Error([nombre[, description]])
```

- **nombre** est un numéro d'erreur, c'est un paramètre optionnel vous pouvez mettre le numéro que vous voulez.

- **description** correspond à la description de l'erreur, c'est aussi un paramètre optionnel.

Exemple :

```
var erreur1 = new Error(1, "Erreur numéro 1")
var erreur2 = new Error(2) ;
var erreur3 = new Error("Erreur numéro 3") ;
var erreur4 = new Error() ;
```

Throw

Pour générer une erreur dans votre code, il n'y a rien de plus simple. Il suffit d'utiliser le mot-clé **throw** suivi d'une expression. Vous pouvez faire plusieurs **throw** dans une même fonction. En utilisant cette fonctionnalité on dit que vous « levez » une exception.

Syntaxe :

```
throw expression ;
```

Dans l'expression qui suit le **throw**, vous pouvez utiliser l'objet **Error**, c'est même tout indiqué. En effet, il est important que l'erreur qui va être envoyée, soit le plus explicite possible et l'objet **Error** se prête très bien en cela. Pour que l'erreur soit claire, il y a plusieurs façons de faire. Vous pouvez générer une erreur qui reprend le nom du fichier, le nom de la fonction et éventuellement un numéro et une description s'il y a plusieurs exceptions de levées dans la fonction. Un autre moyen est d'envoyer seulement un numéro, il vous suffira alors de tenir à jour un index de ces numéros et de l'erreur à laquelle ils font référence. Ces erreurs générées ne doivent pas être envoyées directement au visiteur, vous pouvez le faire, mais c'est déconseillé dans le paragraphe suivant vous verrez comment gérer l'erreur une fois que celle-ci a été générée.

Exemple :

```
function division(a, b)
{
    if(b != 0){
        return a/b;
    }else{
        throw new Error(1, "test - division
        - paramètre b incorrecte");
    }
}
```

Try... catch

Maintenant que vous savez lever des exceptions, il faut les récupérer et voir ce que vous pouvez en faire. Pour cela, vous allez utiliser les mots-clés **try** et **catch**. Leur fonctionnalité respective est assez simple à comprendre et les deux mots clés sont fortement dépendants, l'un ne va pas sans l'autre. Le premier mot-clé **try** (essayer en français) est utilisé suivi d'un bloc d'instruction qui est susceptible de lever des exceptions. En gros, vous allez tenter d'exécuter les instructions du bloc. Les exceptions sont celles que vous générées avec les **throw** que vous avez placés dans vos fonctions, mais aussi les exceptions levées par la machine lorsque vous lui demandez d'exécuter des instructions qu'elle n'est pas capable de faire (exemple : la division par 0).

JavaScript va donc essayer de dérouler les instructions de votre bloc d'instructions et dès qu'une exception est levée, il va s'arrêter et sortir du bloc d'instruction pour aller dans le bloc d'instruction suivant, celui du **catch**.

Dans le **catch**, vous allez récupérer la première exception qui a été levée et exécuter un nouveau bloc d'instruction. Dans ce bloc, vous pouvez faire tout ce que vous voulez mais l'intérêt est de gérer l'erreur. Vous pouvez envoyer l'erreur dans un fichier de log que vous pourrez traiter plus tard. Vous pouvez avertir votre visiteur qu'il y a eu une erreur, si elle vient de lui, par exemple lors d'une saisie, va lui demander de la corriger avant d'exécuter à nouveau le script.

Syntaxe :

```
try
{
    Bloc d'instruction 1
}
catch(exception)
{
    Bloc d'instruction à faire si erreur dans
    le Bloc d'instruction 1
}
```

Exemple :

```
try
{
    var x = 10/0 ;
}
catch(e)
{
    alert( "Division par zéro impossible" ) ;
}
```

Dans cet exemple, c'est la machine qui n'est pas capable d'exécuter l'instruction, il s'agit d'une erreur de code. L'afficher à l'internaute n'est pas utile, il faudrait mieux inscrire l'erreur dans un fichier à traiter ultérieurement. Si l'erreur provenait d'une valeur saisie par l'internaute, alors là, il serait pertinent de lui demander de la corriger.

finally

Aux deux mots-clés **try** et **catch** vous pouvez adjoindre un troisième mot clé qui est **finally**. Celui-ci va vous permettre d'exécuter un bloc d'instruction même s'il y a eu une erreur de détectée dans le bloc **try**.

Vous faites un bloc **try** avec des instructions qui peuvent générer une erreur, puis un bloc **catch** pour capturer l'exception et sauvegarder l'erreur qui a été générée. Enfin vous ajoutez un bloc **finally** où vous placez les instructions que vous voulez forcément exécuter. Cela peut être une fermeture de base de données par exemple.

Exemple :

```
var nResultat ;
var nVal ;
try
{
    nResultat = nVal/0;
}
catch(exception)
{
    alert("Division par 0 impossible !!! \n"
    + exception);
}
finally
{
    alert("Test suivant...");
}
```

Conclusion

Vous savez maintenant gérer les erreurs avec JavaScript. Cette partie est très importante et il ne faut surtout pas la négliger. En effet, vous verrez que plus votre application deviendra conséquente, plus le nombre d'erreurs possibles sera grand. Une bonne gestion des erreurs est indispensable, non seulement pour que vos visiteurs ne se retrouvent pas dans une impasse en allant sur votre site, mais aussi pour que vous puissiez facilement identifier et corriger les problèmes. Ne sous-estimez surtout pas l'utilisation des exceptions. Il ne faut pas non plus aller dans la surenchère et rajouter des exceptions sur toutes vos instructions, cela deviendra vite ingérable. Posez-vous les bonnes questions avant de lever des exceptions mais aussi avant de les capturer. Regardez par exemple la complexité de votre fonction, existe-t-il des variables non sécurisées ? Comme par exemple en provenance d'une saisie de l'internaute. Ma fonction a-t-elle des risques d'échouer en raison de paramètres indépendants de ma volonté ? Comme par exemple des connexions à des bases de données.

Note

....
....
....
....
....
....
....
....
....
....
....
....
....
....
....
....
....
....
....
....
....
....
....
....
....
....
....
....
....
....
....
....
....
....
....

L'ÉCHEC
EST LE FONDEMENT DE LA RÉUSSITE

– LAO ZI, DAO DE DING

CHAPITRE 11

LES TABLEAUX JAVASCRIPT ARRAY
N'AURONT PLUS DE SECRET POUR VOUS

Dans ce chapitre, vous allez apprendre à utiliser l'objet **array**. Celui-ci va vous permettre de gérer tous les tableaux en JavaScript. Dans la programmation, le tableau est un élément essentiel. Il sert à gérer tout un tas de fonctionnalités, vous ne pouvez pas vous passer de ces fonctionnalités. Que soit pour gérer des listes, faire des tris, ou tout simplement ranger vos données, les tableaux sont indispensables. JavaScript met à votre disposition l'objet **array** avec de nombreuses fonctionnalités pour gérer cela.

Objet Array

Pour créer un tableau vous avez plusieurs méthodes. La première est d'énumérer les éléments de votre tableau entre des crochets :

```
var tableau = [element0, element1, element2, …,
elementN];
```

La seconde méthode consiste à utiliser le constructeur de l'objet :

```
var tableau = new Array(element0, element1,
element2, …, elementN);
```

Si vous ne savez pas encore ce que vous allez mettre dans votre tableau, vous pouvez simplement le créer de la façon suivante :

```
var tableau = new Array();
```

Ou, si vous connaissez sa taille :

```
var tableau = new
Array(NombreElementDuTableau);
```

Le tableau ne possède qu'une seule propriété :

- **length** correspond au nombre d'éléments du tableau

Pour accéder directement aux éléments d'un tableau, vous avez juste à spécifier son index (à partir de 0) entre crochets.

Par exemple pour accéder à element2 :

```
var element = tableau[2];
```

Attention, l'index d'un tableau commence toujours à l'indice 0. C'est une erreur très souvent rencontrée par les débutants.

Objet Array : les méthodes

<u>Voici les méthodes disponibles avec l'objet array :</u>

- **concat** permet d'assemblé deux tableaux ensemble.

- **join** convertit un tableau en chaîne de caractères en accolant tous les éléments du tableau.

- **shift** supprime le premier élément d'un tableau.

- **pop** supprime le dernier élément du tableau.

- **unshift** ajoute un élément au début du tableau.

- **push** ajoute un élément à la fin du tableau.

- **slice** pour récupérer une partie du tableau.

- **splice** pour remplacer une partie du tableau.

- **toString** retourne une chaîne de caractères représentant le tableau et ses éléments.

- **reverse** inverse l'ordre des éléments dans un tableau.

- **valueOf** retourne l'élément du tableau que vous avez choisi.

- **sort** permet de trier les éléments d'un tableau, par ordre croissant, décroissant, alphabétique, alphanumérique, ...

- **indexOf** retourne le numéro d'index du premier élément passé en paramètre trouvé dans le tableau (égale à -1 si l'élément n'est pas trouvé).

- **lastIndexOf** même action que indexOf, mais pour trouver le dernier élément du tableau correspondant à la recherche.

Exemple :

```javascript
function affiche(){
var aDebut=["lundi", "mardi", "mercredi"] ;
var aFin=["jeudi", "vendredi", "samedi", dimanche"];

//assemble les deux tableaux
var sSemaine = aDebut.concat(aFin);
var aSemaine2 = ["lundi", "mardi", "mercredi",
"jeudi", "vendredi", "samedi", "dimanche"];

// enlève les 2 premiers éléments du tableau
aSemaine2 "lundi" et "mardi"
sPartie1 = aSemaine2.splice(0,2);

// enlève 2 éléments du tableau à partir de
// l'indice 1 donc "jeudi" et "vendredi"
sPartie2 = aSemaine2.splice(1,2);
var aSemaine3 = ["mardi", "mercredi", "jeudi",
"vendredi", "samedi", "dimanche"];

// ajoute lundi
aSemaine3.unshift("Lundi");

//recherche dans la page la balise avec l'id write
var node = document.getElementById("write");

//écrit dans la balise avec l'id write
node.innerHTML = "<p>"+sSemaine+
"<br/>Les 2 premiers jours de la semaine : "
+sPartie1+
"<br />Les 2 derniers jours de la semaine : "
+sPartie2+
"<br />La semaine complète : "
+aSemaine3+"<br /></p>";

return;}
```

Résultat de l'exemple :

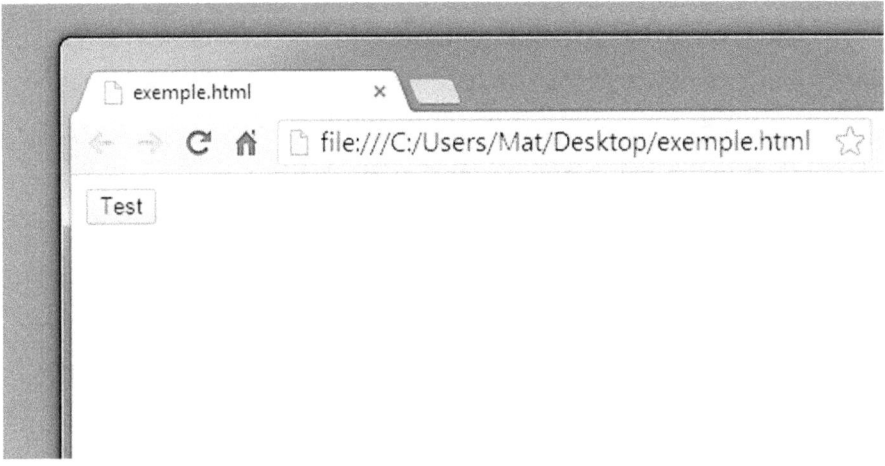

Résultat de l'exécution :

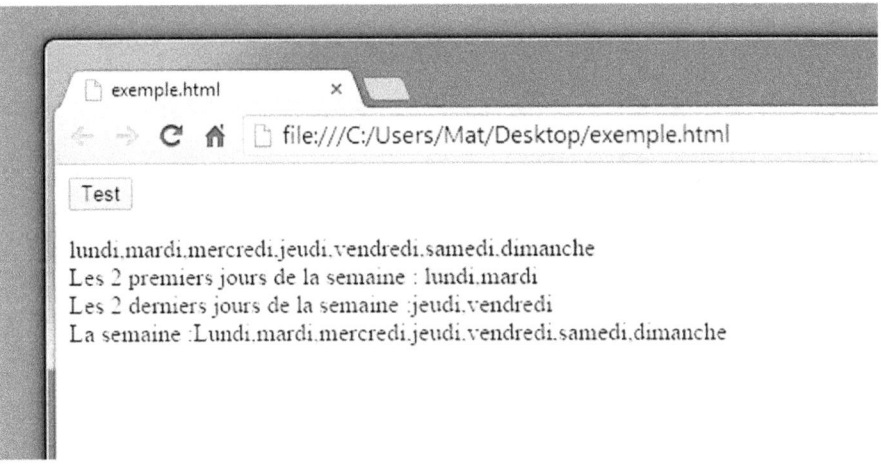

Les tableaux à plusieurs dimensions

Vous savez maintenant utiliser les tableaux simples à une dimension, mais il existe aussi des tableaux à plusieurs dimensions. Ce sont tous simplement des tableaux qui contiennent d'autres tableaux.

Pour accéder aux éléments internes d'un tableau à deux dimensions, vous allez devoir utiliser deux indexs. Le premier servira à parcourir le tableau général, tandis que le second servira à accéder à l'élément contenu dans le second tableau (lui-même contenu dans le tableau général). Je vous conseille d'étudier l'exemple, c'est plus simple à comprendre.

Dans l'exemple ci-dessous, on a décidé de réaliser un agenda d'étude de différents langages pour chaque jour de la semaine avec :

Lundi - PHP
Mardi - JavaScript
Mercredi - ActionScript
Jeudi - ASM
Vendredi - MySQL

Exemple en utilisant un tableau à deux dimensions :

```html
<!DOCTYPE html PUBLIC "-//W3C//DTD XHTML 1.0
Transitional//EN" "http://www.w3.org/TR/xhtml1/
DTD/xhtml1-transitional.dtd">

<html xmlns="http://www.w3.org/1999/xhtml">
   <head>
   <meta http-equiv="Content-Type"
     content="text/html; charset=utf-8" />
   <title>Array en JavaScript</title>
   <script type="text/javascript">
    function affiche()
    {
        var aSemaine = new Array();
        aSemaine[0] = new Array();
        aSemaine[1] = new Array();
        aSemaine[2] = new Array();
        aSemaine[3] = new Array();
        aSemaine[4] = new Array();

        aSemaine[0][0]="lundi";
        aSemaine[0][1]="PHP";

        aSemaine[1][0]="mardi";
        aSemaine[1][1]="JavaScript";

        aSemaine[2][0]="mercredi";
        aSemaine[2][1]="ActionScript";

        aSemaine[3][0]="jeudi";
        aSemaine[3][1]="ASM";

        aSemaine[4][0]="vendredi";
        aSemaine[4][1]="MySQL";
```

```
var node = document.getElementById("write");

node.innerHTML = "<p>Voici le code du lundi : "
+aSemaine[0][1]+" le code du jeudi : "
+aSemaine[3][1]+"<br /></p>";
        return;
    }
    </script>
    </head>

    <body>
    <center>
        <div id="write"></div>
        <br /><br />
        Appuyer sur le bouton Valider <br/>
        <br/>
        <input type="button" value="Valider"
        onclick="affiche()" /><br />
    </center>
    </body>
</html>
```

Résultat de l'exécution :

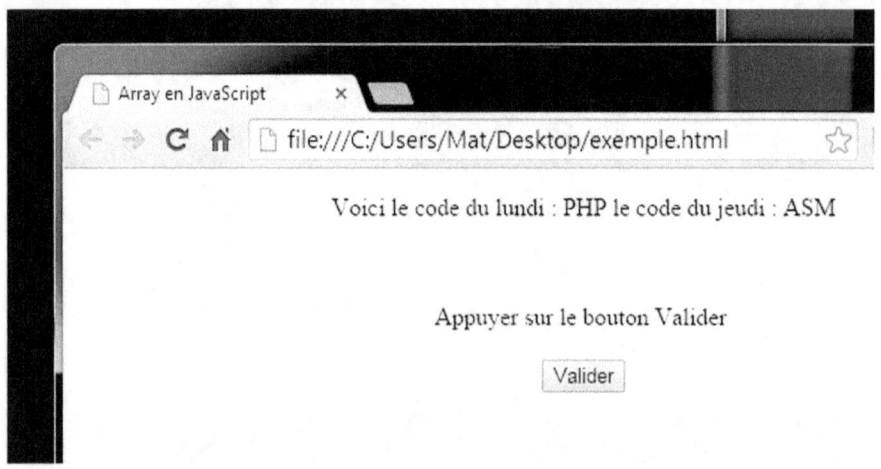

114

Les tableaux vous ouvrent aussi une nouvelle façon de créer des objets et surtout d'accéder à leurs éléments. Regardez l'exemple ci-dessous, il est très parlant. On utilise d'abord une description de l'objet en indiquant ces propriétés et les valeurs associées, on utilise la syntaxe des tableaux pour accéder aux différentes propriétés, c'est très puissant et surtout très rapide à mettre en œuvre pour créer des objets ponctuels.

Exemple :

```
//délaration   de   l'objet   voiture   avec   3
propriétés
var oVoiture = {couleur: "bleu", portes : "cinq",
carburant : "diesel"};

var carburant = oVoiture["carburant"];
var couleur = oVoiture.couleur;
```

Conclusion

Les tableaux sont très utiles et très utilisés dans tous les langages de programmation pour stocker des données, les manipuler, les classer ou les trier. Vous pouvez même vous en servir pour manipuler les objets écrits en JavaScript. Savoir utiliser les tableaux est fondamental pour que vous puissiez progresser dans votre développement JavaScript. De plus, ce que vous aurez appris sur les tableaux en JavaScript est valable dans la plupart des langages de programmation.

Note

TOUT DÉBUT EST DIFFICILE
MAIS SANS DÉBUT,
PAS DE FIN

— PROVERBE ALLEMAND

CHAPITRE 12

COMMENT EFFECTUER DU DÉBUT EFFICACE AVEC JAVASCRIPT

LE DEBUG JAVASCRIPT

Dans votre développement, il vous sera parfois nécessaire de débuguer votre code Javascript. En effet, parfois et même souvent, il arrive que vous ne sachiez pas déterminer l'origine d'un problème dans l'exécution de votre script. Pour vous aider à résoudre ce problème, il existe différentes solutions. L'une d'entre elle est d'utiliser une extension que vous pouvez installer sur des navigateurs comme Google Chrome, Mozilla Firefox ou Internet Explorer. Cette extension s'appelle Firebug.

<u>Installation sous Google Chrome :</u>

Ouvrez votre navigateur Chrome
et rendez-vous sur cette page :

<u>http://getfirebug.com/releases/lite/chrome/</u>

Cliquez ensuite sur Install Firebug Lite,
cela vous ouvre la page d'installation de l'extension
Firebug pour Google Chrome :

Cliquez maintenant sur le bouton :

Puis sur ajouter dans la fenêtre qui s'ouvre :

L'extension Firebug est maintenant installée
sous Google Chrome.

Installation sous Mozilla Firefox :

Ouvrez votre navigateur Firefox,
puis rendez-vous dans les modules :

Tapez « Firebug » dans le champ de saisi
« Rechercher dans tous les modules ».

FireBug devrait être le résultat le plus pertinent,
cliquez sur le bouton installer au bout de la ligne :

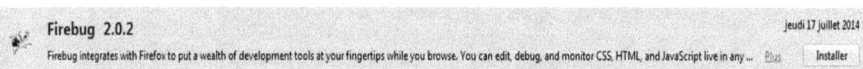

L'extension Firebug est maintenant installée
sous Mozilla Firefox

UTILISATION DE FIREBUG

L'extension Firebug offre énormément de possibilités. L'un de ses plus gros avantages est la possibilité d'exécuter le code de votre script en mode pas à pas. C'est très pratique pour détecter les corruptions de données et corriger rapidement les problèmes. Vous pouvez également surveiller vos variables. Vous pourrez les afficher, ainsi que leur contenu et modifier celui-ci en direct.

Exemple de fenêtre de debogage :

Pour définir un point d'arrêt, stopper le code lors de son exécution, il suffit de cliquer dans la marge au niveau du numéro de la ligne. Un point rouge indique le point d'arrêt.

Les quatre boutons qui permettent de controler le déroulement du script.

1 2 3 4

1 : Exécute le script jusqu'au prochain point d'arrêt

2 : Permet de rentrer dans l'instruction courante, utilisé lors des appels de fonctions pour la debugger

3 : Passe à l'instruction suivante

4 : Permet de sortir de la fonction courante

Le triangle jaune vous indique la ligne en cours de debogage.

```
▷15      aSemaine[2] = new Array();
```

La fenêtre espion :

Dans cette fenêtre, vous pourrez voir la valeur de vos différentes variables et leurs changement au cours de l'exécution du script.

3ÈME ÉTAPE :

Le cœur

LE CHOIX :
C'EST TOUJOURS L'ÉTAPE SUIVANTE

10
11100
01001
101

– *NAPOLEON HILL*

CHAPITRE 13

DÉCOUVREZ TOUS LES ÉVÉNEMENTS JAVASCRIPT

Dans ce chapitre, vous allez apprendre à utiliser les événements avec JavaScript. Vous allez aborder en douceur la programmation événementielle. Il faut savoir que JavaScript est un langage basé sur les événements et que ceux-ci vont rendre votre site Web beaucoup plus interactif. Avec JavaScript, vous allez ainsi pouvoir gérer toutes les actions des visiteurs de votre page. Qu'ils redimensionnent la fenêtre, cliquent sur un menu, ou survolent un endroit particulier de votre page, vous pourrez associer des actions particulières pour chacune de leurs interactions.

Il est très important de comprendre le concept d'événement, comment le mettre à profit dans son développement et utiliser tous ses avantages.

Programmation événementielle

La programmation événementielle est comme son nom l'indique, basée sur les événements. Nous pouvons définir les événements comme des changements d'états de différentes variables. La programmation événementielle consiste à surveiller ces variables pour détecter leurs changements d'états et ainsi prévoir une réponse appropriée. Nous pouvons illustrer cela par un exemple simple. Prenons le clavier qui est un outil complétement géré par les événements. L'ordinateur relié au clavier est en permanence en train de surveiller l'état du clavier. Si vous ne touchez pas au clavier, alors il n'y a pas de changement d'état et donc rien ne se passe. Si vous pressez n'importe qu'elle touche, alors, il y a un changement d'état du clavier. L'ordinateur qui surveille ce changement d'état peut alors réagir en conséquence. En JavaScript, c'est la même chose. Dans votre page HTML ou même directement dans le code JavaScript pour les événements lié à la page entière, vous placez différents écouteurs d'événements qui vont se charger de surveiller les interactions extérieures. A ces écouteurs, vous allez associer des fonctions JavaScript. Dès que l'événement que vous surveillez se produit, cela va déclencher l'appel à la fonction que vous aurez précisée.

Les événements

Les événements peuvent s'appliquer à toutes les balises présentes dans une page Web. Que ce soit les boutons, les menus, les paragraphes, etc. vous pouvez leurs associer différents évènements. Ensuite, à chacun de ces évènements, vous pourrez y lier un script à exécuter. Ça permet de rendre vos pages Web beaucoup plus interactives avec les utilisateurs. Vous pouvez modifier en direct une zone de votre page Web sur un évènement sans avoir à recharger la page. Par exemple, l'utilisateur passe la souris au-dessus d'une zone déterminée et grâce aux évènements de JavaScript, vous pouvez mettre en valeur cette zone en changeant la couleur de fond par exemple. Vous avez plusieurs événements déjà pré intégrés dans JavaScript, voici une liste non exhaustive des événements JavaScript avec une description :

Evènement	Description	Objet
onLoad	Survient lors du chargement de la page Web. Un seul par document HTML, en général sur la balise body ou directement dans le fichier JavaScript. Il est lié à l'objet **window**.	fenêtre
onUnload	Survient lorsque l'on quitte la page courante, similaire à **onload**.	fenêtre
onAbort	Se déclenche lors de l'arrêt du chargement d'un objet, par exemple lorsqu'une image n'arrive pas à être complètement chargée ou que l'utilisateur interrompt le chargement de la page. Cet évènement est lié à la balise image.	image

onMove	Survient lors du déplacement de la fenêtre, comme **unload** il est lié à l'objet **window**. Pendant le déplacement de la fenêtre vous pouvez rajouter des interactions comme griser la page.	fenêtre
onResize	Survient lors du redimensionnement de la fenêtre.	fenêtre
onScroll	Survient lors du défilement de la fenêtre.	fenêtre
onClick	Se déclenche si on clique sur un élément. Vous pouvez vérifier la validité d'une adresse e-mail, le bon remplissage de champs obligatoires, tout ça avant de soumettre un formulaire, par exemple	Toutes les balises
onDbClick	Se déclenche sur un double clic avec la souris.	Toutes les balises
onMouse-Move	Survient lors du déplacement de la souris.	Toutes les balises
on-MouseDown	Survient lors d'un maintien du clic du bouton gauche de la souris.	Toutes les balises
onMouseUp	Survient lors du relâchement du bouton de la souris.	Toutes les balises
onMouseOver	Se déclenche lors du passage de la souris au-dessus d'un objet, bouton, paragraphe, champs de saisie, etc.	Toutes les balises
onMouseOut	Se déclenche lorsque la souris n'est plus au-dessus d'un objet défini.	Toutes les balises
onFocus	Survient lors de la réception du curseur de la souris dans un des objets (champ texte). Lorsque vous cliquez dans un champ de saisie par exemple, vous pouvez automatiquement mettre toutes les lettres en majuscule, faire de l'auto complétion, etc.	Eléments d'un formulaire
onReset	Survient lors de la réinitialisation d'un formulaire. Typiquement, lorsque l'utilisateur appuie sur le bouton reset pour réinitialiser tout un formulaire.	formulaire

onKeydown	Se déclenche lorsque vous enfoncez une touche de votre clavier. Vous pouvez récupérer la touche enfoncée avec la méthode event.keyCode pour effectuer différente action en fonction de la touche.	Document, image, lien, zone de texte
onKeypress	Se déclenche lors de l'appuie d'une touche du clavier.	Document, image, lien, zone de texte
onKeyup	Se déclenche lors du relâchement d'une touche du clavier.	Document, image, lien, zone de texte
onDra-gdrop	Survient lors d'un glisser/déposer dans la fenêtre.	fenêtre
onChange	Survient lors du changement d'état d'un objet, par exemple lorsque vous remplissez un champ de saisie d'un formulaire.	Eléments d'un formulaire
onError	Survient lorsqu'il y a une erreur sur un objet.	Image, fenêtre

Parmi ces évènements, certains peuvent être liés à des objets de votre page, tandis que d'autres sont plutôt d'ordre général. La dernière colonne vous indique à quel niveau de votre page HTML vous pouvez associer des évènements. Par exemple, l'événements **onLoad** est lié au chargement de la page en elle-même, elle est donc associée à la fenêtre où se charge la page. En revanche, l'évènement **onClick** peut être associé à quasiment toutes les balises de votre page, à vous de déterminer la meilleure place, en sachant que si vous définissez plusieurs fois le même événement sur une même zone, seul le premier événement s'exécutera.

Comment écrire un évènement ?

Vous avez plusieurs façons de coder un évènement. La plus simple est d'associer les évènements directement dans votre page HTML à des fonctions JavaScript.

Pour ce faire, vous devez rajouter l'évènement que vous souhaitez surveiller à une balise de votre document HTML et lui associer une fonction JavaScript.

Syntaxe HTML :

```
<balise onEvenement ="maFonctionJavaScript()">
</balise>
```

Vous pouvez aussi associer des évènements dans votre code JavaScript. Vous pouvez appliquer un évènement à un objet et lui associer une fonction JavaScript.

```
monobjet.onEvenement = maFonctionJavaScript() ;
```

Quelques exemples d'utilisation :

Evènement onLoad

Code HTML :

```
<!DOCTYPE html>
<html>
    <script type="text/javascript" src="test.js">
    </script>
  <body>
    <div id="divTest" style="border:solid 1px
    silver; padding:5px;"></div>
  </body>
</html>
```

Code JavaScript du fichier test.js :

```
TpsDebut = (new Date()).getTime();
function CalculTempsChargement()
{
    TpsFin = (new Date()).getTime();
    TpsDuree = (TpsFin - TpsDebut) / 1000;

document.getElementById("divTest").innerHTML =
"Page chargée en " + TpsDuree + " secondes";
}
window.onload = CalculTempsChargement;
```

Résultat de l'exécution de l'évenement **onload** :

Evenement **onMouseOver** et **onMouseOut** pour changer la couleur au passage de la souris :

Code HTML :

```
<!DOCTYPE html>
<html>
    <script type="text/javascript" src="test.js">
    </script>
  <body>
    <div id="divTest"style="border:solid
    1px silver; padding:5px;
    background: white"
    onmouseover="Affichage1();"
    onmouseout="Affichage2();">Texte</div>
  </body>
</html>
```

Code JavaScript du fichier test.js :

```
function Affichage1()
{
    document.getElementById("divTest").style.
background = "grey"
}

function Affichage2()
{
    document.getElementById("divTest").style.
background = "white"
}
```

Résultat de l'exécution :

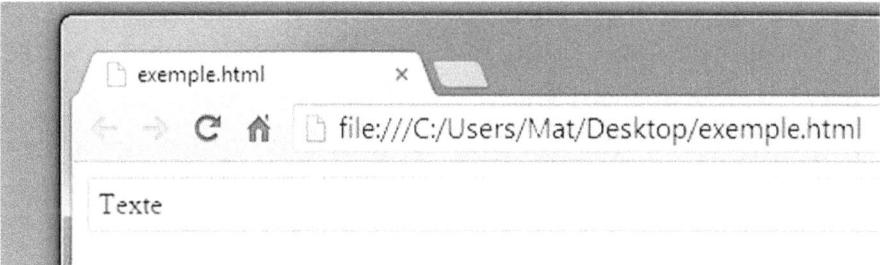

Au passage de la souris, le fond change de couleur

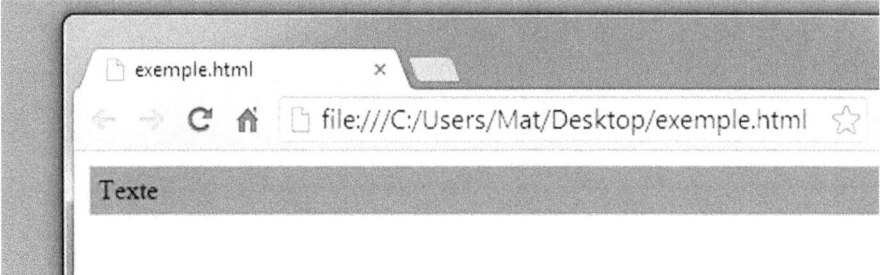

Conclusion

La programmation évènementielle est un élément essentiel dans le développement JavaScript de site Web interactif. Avec ce chapitre, vous avez une vue d'ensemble des évènements de JavaScript et vous voyez que ceux-ci sont vraiment très simple à implémenter. Vous n'avez plus qu'à tester ces différents évènements sur votre site pour vous faire une idée précise de leurs fonctionnements. Attention tout de même au chevauchement des événements, comme indiqué, il ne faut pas que vous écoutiez plusieurs fois le même événement sur une même zone de votre page HTML. C'est d'autant plus vrai pour les événements liés à la fenêtre.

Si vous respectez bien cette règle, alors il n'y aura pas de problème. Avec les événements vous allez rendre votre site vraiment interactif puisque votre page sera vraiment à l'écoute de vos visiteurs, ce qui rendra leur passage chez vous beaucoup plus agréable.

Note

....
....
....
....
....
....
....
....
....
....
....
....
....
....
....
....
....
....
....
....
....
....
....
....
....
....
....
....
....
....
....
....
....
....
....

LE SUCCÈS C'EST TOMBER SEPT FOIS, SE RELEVER HUIT

— PROVERBE JAPONAIS

CHAPITRE 14

DÉCOUVREZ LA PUISSANCE DU DOM
ET DE L'OBJET DOCUMENT

Dans ce chapitre, vous allez aborder un élément essentiel du développement en JavaScript. En effet, vous allez apprendre à vous servir de l'objet **document**. Celui-ci va vous permettre de modifier entièrement la page HTML en direct dans le navigateur du visiteur sans que celui-ci est à recharger la page. Vous pourrez ainsi modifier le contenu texte de vos pages Web mais aussi la police, les couleurs, les tailles, etc. Mais ça ne se limite pas à cela, vous pourrez aussi ajouter du contenu ou en supprimer.

Introduction au DOM

Le DOM (Document Object Model) est un standard W3C qui représente une interface hiérarchique de la structure d'un document HTML. Cette interface permet un accès direct aux différents éléments qui composent ce document. Pour faire simple, cela vous permet d'interagir avec toutes les balises de la page HTML. Vous pourrez ainsi modifier des balises existantes, mais aussi en ajouter de nouvelle ou les supprimer.

Pour faire cette représentation hiérarchique du document HTML, le DOM utilise la notion de nœud. Il existe différent type de nœud. En HTML, vous avez trois types de nœud importants qui sont les nœuds-éléments, les nœuds-attributs et les nœuds-textes.

Exemple de document HTML :

```html
<html xmlns="http://www.w3.org/1999/xhtml">
    <head>
    <meta http-equiv="Content-Type"
    content="text/html; charset=utf-8" />
    <title>Document DOM en JavaScript</title>
    </head>
    <body>
    <center>
        <div id="test">Texte</div>
    </center>
    </body>
    <footer>
    </footer>
</html>
```

Une représentation du DOM de ce document HTML avec uniquement les nœuds-éléments :

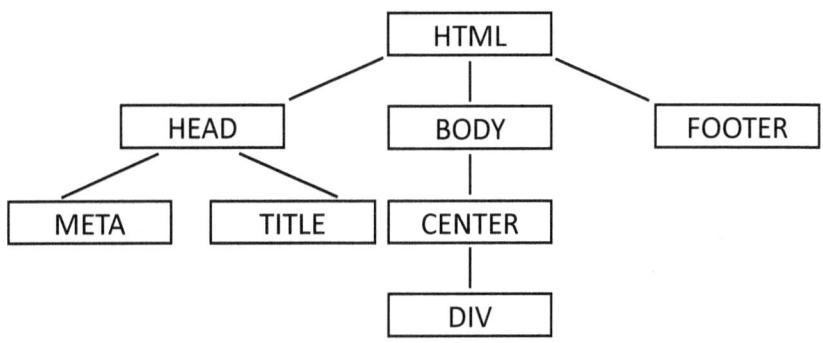

Dans cet exemple vous avez également le nœud-attribut id qui est lié au nœud-élément div. Vous avez aussi le nœud-texte "test" lié au nœud-attribut id et le nœud-texte "texte" qui est liè au nœud-élement div.

L'objet document

En JavaScript, vous avez l'objet **document** qui va vous permettre d'accéder au DOM et le modifier.

L'objet **document** correspond à la page HTML elle-même. Cet objet va rendre totalement interactif votre site Web puisque vous pourrez modifier son contenu sans recharger la page. Associé aux évènements comme les clics ou les déplacements de la souris, l'objet **document** prend réellement toute sa dimension.

Objet document : les propriétés

L'objet **document** possède un certain de nombre de propriétés :

- **alinkColor** permet de définir la couleur des liens activés.

- **linkColor** pour modifier la couleur des liens qui ne sont pas encore visités.

- **links** est un tableau qui contient tous les liens du document.

- **vlinkColor** est la couleur des liens des pages visitées.

- **anchor** contient toutes les ancres du document.

- **bgColor** est la couleur de fond du document.

- **cookie** permet d'accéder aux cookies.

- **plugins** est un tableau qui contient tous les plugings du navigateur de l'utilisateur.

- **domain** est le nom de domaine qui affiche la page html.

- **embeds** est un tableau qui contient tous les objets inclus dans le document.

- **fgColor** est la couleur du texte utilisé dans le document.

- **forms** est un tableau qui contient tous les formulaires du document pour accéder à un formulaire vous pouvez faire document.forms[0] pour le premier formulaire, document.forms[1] pour le deuxième formulaire, etc.

- **images** est un tableau qui contient toutes les images du document.

- **lastModified** est la date de la dernière modification du document.

- **referrer** est l'url de provenance de l'internaute, donc c'est url qui a appelé la page actuelle. C'est très utile pour savoir d'où vient l'internaute.

- **title** est le titre de la page html.

- **url** est l'url de la page web actuelle.

- **all** est un tableau contenant tous les nœuds-éléments du document.

Objet document : les méthodes

- **captureEvents** permet d'écouter un événement pour le document actif.

- **close** permet de fermer le document actif, ça ne ferme pas la page html. Seulement, vous ne pourrez plus écrire dans le document si celui-ci est fermé.

- **getSelection** est le texte sélectionné dans le document actif.

- **handleEvent** permet d'ajouter un évènement à un élément du document (il faut que cet élément soit capable de réagir à l'évènement).

- **home** va afficher la page d'accueil.

- **open** permet d'ouvrir le document en vue de le modifier.

- **releaseEvents** enlève un événement d'un élément.

- **write** permet d'écrire dans le document html. Vous pouvez avec cette méthode, modifier, ajouter ou supprimer du contenu sans recharger la page html.

- **writeln** fait la même chose que **write** mais ajoute un saut de ligne.

Exemple pour écrire dans la page HTML par une méthode JavaScript, et pour modifier en direct le titre de la page (titre de l'onglet) :

```html
<html xmlns="http://www.w3.org/1999/xhtml">
    <head>
    <meta http-equiv="Content-Type"
    content="text/html; charset=utf-8" />
    <title>Document en JavaScript</title>
    <script language=javascript>
        document.write("<center> Hello World
        </center>");

        function titre()
        {
            var titre = prompt("Saisissez
            le nouveau titre")
            document.title = titre;
        }
    </script>
    </head>
    <body>
        <center>
            <input type="button"
            value="Modifier le titre"
            onclick="titre()" />
        </center>
    </body>
</html>
```

Résultat de l'exécution :

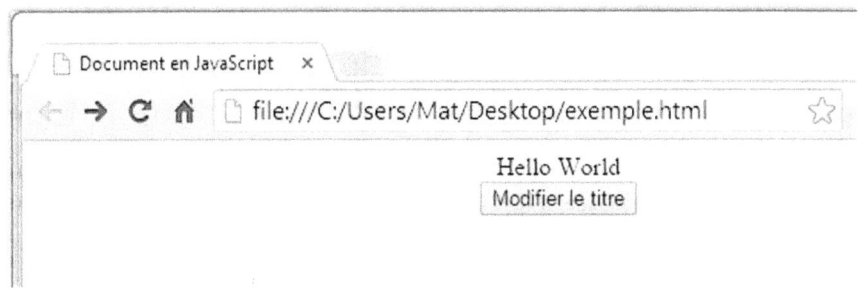

Au clic sur le bouton :

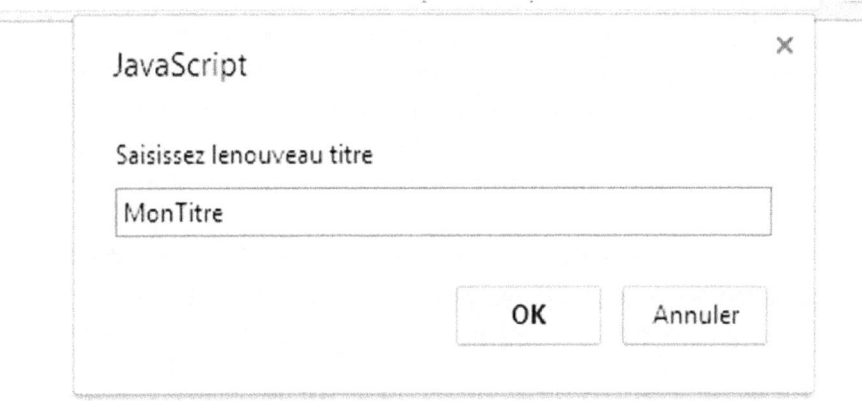

Résultat, le titre est changé :

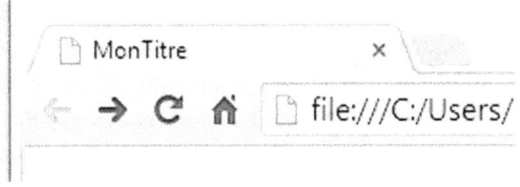

Méthodes DOM pour accéder aux éléments

- **getElementById** permet de récupérer un élément (ou nœud) à partir de son attribut id. Un élément en HTML peut être n'importe quelle balise avec cette méthode vous pouvez accéder à tous les éléments qui ont un identifiant (attribut id).

- **getElementByName** comme pour **getElementById**, mais effectue la sélection à partir du nom de l'élément (attribut **name** dans sa balise).

- **getElementByTagName** sélectionne un ou plusieurs éléments par le nom de la balise.

- **innerHTML** est une méthode utilisée pour lire et, ou modifier une valeur à un élément. Quand vous faites **innerHTML** dans une balise div, cela va complètement modifier le contenu de la balise avec ce que vous avez précisé en paramètre. C'est très utile pour insérer du contenu HTML texte dans un élément d'une page Web. Vous pouvez par exemple, modifier une zone div qui contient un formulaire et le remplacer par un texte indiquant "merci j'ai bien reçu votre message" à la place du formulaire, dès que le visiteur a cliqué sur le bouton envoyez du formulaire. C'est une méthode essentielle à AJAX que nous aborderons plus loin dans ce livre.

Exemple complet d'utilisation de l'objet **document** pour modifier le DOM :

```html
<html xmlns="http://www.w3.org/1999/xhtml">
    <head>
    <meta http-equiv="Content-Type"
    content="text/html; charset=utf-8" />
    <title>Document DOM en JavaScript</title>

    <script type="text/javascript">

    /**
    * Modifie une balise HTML
    * @param sName le nom de la balise (name)
    * @param sTxt  la valeur à insérer dans la
    * page web (dans la balise)
    * @return
    */
    function modifHTML(sName, sTxt)
    {
    document.getElementById(sName).innerHTML =
    "<p>"+sTxt+"<br /></p>";
    return;
    }
    function affiche()
    {
    var sTxt = "HTML modifié sans recharger la
    page web ;)<br />";
    var nNbre = document.all.length;
    for (i=0; i<nNbre;i++)
    sTxt +="<br /> Nom de l'élément "+i
    +" : "+document.all(i).tagName;
    sTxt += "<br /><br />Le nombre d'éléments
    de cette page est de :" + nNbre;
    modifHTML("write", sTxt);
```

151

```
        return;
        }
        </script>
        </head>

        <body>

        <center>

                <div id="write"></div>
                <br/><br/>
                Appuyer sur le bouton Valider
                <br/><br/>

                <form name="form" method="post"
                action="">
                        <input type="button"
                        value="Valider"
                        onclick="affiche()" />
                        <br/>
                </form>

        </center>

        </body>

</html>
```

Résultat de l'exécution du script :

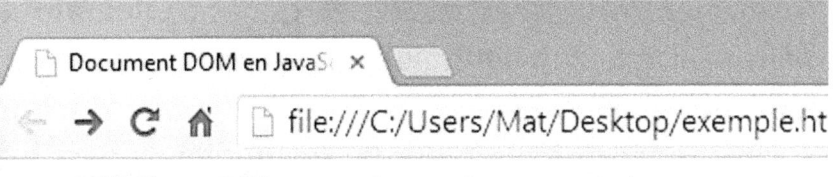

HTML modifié sans recharger la page web :)

Nom de l'élément 0 HTML
Nom de l'élément 1 HEAD
Nom de l'élément 2 META
Nom de l'élément 3 TITLE
Nom de l'élément 4 SCRIPT
Nom de l'élément 5 BODY
Nom de l'élément 6 CENTER
Nom de l'élément 7 DIV
Nom de l'élément 8 BR
Nom de l'élément 9 BR
Nom de l'élément 10 BR
Nom de l'élément 11 BR
Nom de l'élément 12 FORM
Nom de l'élément 13 INPUT
Nom de l'élément 14 BR

Le nombre d'éléments de cette page est de :15

Appuyer sur le bouton Valider

Valider

153

Conclusion

Ce chapitre est essentiel et doit absolument être maîtrisé. Il est un pilier du développement JavaScript, ce pourquoi vous lisez ce livre. Associez l'objet **document** aux évènements et vous aurez une infinité de possibilités pour rendre votre site web complètement interactif et dynamique. Vos visiteurs auront accès à un site web 2.0 de nouvelle génération. L'ajout, la modification ou la suppression de contenu sans recharger la page apporte une très grande souplesse à la navigation, votre site deviendra très agréable à visiter.

Note

....
....
....
....
....
....
....
....
....
....
....
....
....
....
....
....
....
....
....
....
....
....
....
....
....
....
....
....
....
....
....
....
....

4ÈME ÉTAPE :

Les outils

« LE SEUL ENDROIT
OÙ LE MOT SUCCÈS
VIENT AVANT LE MOT TRAVAIL
EST LE DICTIONNAIRE. »

CHAPITRE 15

Manipulation des chaînes de caractères

Dans ce chapitre, vous allez apprendre à manipuler les chaînes de caractères, convertir un nombre en chaîne de caractères et inversement, convertir une chaîne de caractères en nombre quand cela est possible. Les chaînes de caractères sont très utilisées en JavaScript, en effet, le but étant de produire un contenu interactif pour vos pages Web, il va très souvent falloir envoyer du texte à la page HTML mais aussi récupérer du texte de la page HTML pour le manipuler. La manipulation des chaînes de caractères fait donc partie intégrante du développement JavaScript.

Vous allez également apprendre à utiliser l'objet JavaScript correspondant aux chaînes de caractères : **string.**

Assembler deux chaînes de caractères

En programmation, on emploie le terme de concaténation pour assembler deux chaîne de caractères, c'est-à-dire, les mettre les uns à la suite des autres.

En JavaScript, on utilise l'opérateur « **+** » pour concaténer deux chaînes de caractères.

Exemple :

```
var mavar1 = 'Test ' ;
var mavar2 = 'de concaténation' ;
var resultat = mavar1 + mavar2 ; //'Test de concaténation'
```

Conversion de type

Pour convertir une chaîne de caractère en nombre, vous pouvez utiliser les deux méthodes suivantes : **parseInt()** et **parseFloat()**. Ces méthodes parcours la chaîne de caractère, tant qu'elles trouvent des chiffres, elles continuent, pour à la fin, restituer un nombre.

parseInt(chaîne,[,base]) vous permet de convertir une chaîne de caractères en nombre entier. Il est possible de préciser la base du nombre de la chaîne de caractères. C'est un paramètre optionnel. Par défaut, c'est la base décimale qui est utilisée.

Exemple :

```
ar nb1 = '190' ;
var nb2 = parseInt(nb1) ; //190
var nb3 = parseInt('12abc', 10) ; //12
```

parseFloat(chaîne) vous permet de convertir une chaîne de caractère en nombre à virgule.

Exemple :

```
var vir1 = parseFloat('56.215') ;//56.215
```

L'objet string : les méthodes d'encadrement HTML

Toutes les chaînes de caractère sont en fait des objets string. L'objet string possède un certain nombre de méthodes qui vont vous permettre une manipulation avancé des chaînes de caractères.

Ces premières méthodes sont de simples méthodes d'encadrement HTML. En fait elle ajoute à votre chaîne de caractères des balises HTML encadrantes.

Exemple :

```
var sTexte = "test";
test.bold(); //transforme "test" en "<b>test</b>"
```

La liste des méthodes :

- **big()** pour augmenter la taille de police, ajoute la balise <big> .

- **blink()** pour faire clignoter le texte, ajoute la balise <blink>.

- **bold()** pour le passer en gras, ajoute la balise <b>.

- **fixed()** affiche un texte avec une police dont les caractères ont une largeur fixe, ajout la balise <tt>.

- **fontcolor("couleur")** permet de modifier la couleur du texte, ajoute la balise <font color="couleur">.

- **fontsize(taille)** pour modifier la taille du texte, ajoute la balise <font size="taille">.

- **italics()** permet d'afficher votre chaine de caractères en italique, ajoute la balise <i>.

- **link("url")** permet de rajouter un lien sur la chaîne de caractères, ajoute la balise <a href="url">.

- **small** pour diminuer la taille de la chaîne de caractères, ajoute la balise <small>.

- **sub** pour mettre en indice, ajoute la balise <sub>.

- **sup** pour mettre en exposant, ajoute la balise <sup>.

Exemple :

```
var texte=prompt("Saisissez une chaîne de
caractères :","Saisissez ici votre chaîne de
caractères");

document.write("<br />Le texte en gras :<br
/>");
document.write(texte.bold());

document.write("<br /><br />Le texte en italique
: <br />");
document.write(texte.italics());

document.write("<br /><br />Le texte clignotant
: <br />");
document.write(texte.blink());

document.write("<br /><br />Le texte en vert :
<br />");
document.write(texte.fontcolor("green"));

 document.write("<br /><br />Le texte barré :
<br />");
 document.write(texte.strike());

document.write("<br />Le texte en différentes
tailles :");

for (i=0;i<5;i++)
document.write( "<br />"+texte.fontsize(i*2)
);
```

Objet string : les méthodes non liées à HTML

Ces méthodes ne génèrent pas de code HTML sur le texte, la plupart vont vous servir à manipuler les chaînes de caractères : rechercher, découper, remplacer, concaténer, etc.

- **chartAt(nombre)** permet d'accéder à un caractère d'une chaîne en lui précisant sa position (commence à partir de la position 0)

Exemple :

```
'abcdef'.charAt(3) ; //renvoi la lettre 'd'
```

- **charCodeAt(nombre)** comme charAt mais renvoi la valeur hexadécimale du caractère choisi.

- **concat(chaîne)** pour assembler deux chaînes de caractères dans une nouvelle.

- **eval(chaîne[, objet])** converti une chaîne de caractère en instruction JavaScript et exécute cette instruction.

- **fromCharCode(n1, n2, ..., nX)** renvoi une chaîne de caractères constituée à partir des nombres Unicode passés en paramètre.

-indexOf(chaîne[,index]) permet de récupérer la position d'un caractère ou d'une chaîne de caractère passé en argument (retourne -1 si non trouvé), peut démarrer à partir d'un cerain index passé en paramètre.

Exemple :

```
'abcdef'. indexOf ("bcd", 0) ; //renvoi 1
```

- **lastIndexOf(chaîne)** comme **indexOf** mais en partant de la fin .

- **replace(Expression_Régulière, nouvelle_chaîne)** pour rechercher et remplacer une chaîne de caractères à l'aide d'une expression régulière.

- **search(Expression_Régulière)** pour effectuer une recherche avec une expression régulière dans une chaine de caractères.

- **slice(index_début[, index_fin])** permet de couper une chaîne de caractères en repositionnant le début et la fin de celle-ci. En utilisant des chiffres négatifs, on part de la fin de la chaîne.

```
var sTest = "Le dimanche matin."
var st1 = sTest.slice(3,11);  //st1 = "dimanche"
var st2 = sTest.slice(-6,-1);  //st2 = "matin"
```

- split(séparateur[,limite]) pour couper une chaîne de caractères en fonction d'un séparateur et remplir un tableau. Vous pouvez utiliser une expression régulière pour définir plusieurs séparateurs par exemples. Il est également possible de définir une limite du nombre de chaînes de caractères à récupérer pour mettre dans le tableau.

Exemple :

```
var sMois = "Janvier, Février, Mars, Avril,
Mai, Juin, Juillet, Aout, Septembre, Octobre,
Novembre, Décembre";
var aTabMois = sMois.split(","); // retourne un
tableau contenant dans chaque case un mois
```

-substr(début[,longueur]) permet de renvoyer une partie d'une chaine, comme slice, mais sur une longueur.

- substring(index_début [,index_fin]) même chose que **slice**.

- tolowercase() permet de convertir les caractères de la chaîne en minuscule.

- touppercase() permet de convertir les caractères de la chaîne en majuscule.

Exemple :

```
var sTest1 = "Test de conversion";
var sTest2 = sTest1.touppercase();
//"TEST DE CONVERSION"
```

- toString() permet de convertir un objet en chaîne de caractère, cette méthode particulière ne s'applique pas à l'objet **string** comme les méthodes précédentes, vous devez l'appliquer à un objet pour le convertir en objet **string**. Si vous créez vos propres objets n'hésitez pas à leur préciser une méthode toString pour pouvoir les afficher.

Exemple :

```
var texte=prompt("Quel est votre texte ?",
"Saisissez votre texte");

var nPos1=prompt("A partir de quel caractères
(sa position) découper votre texte ?",
" Saisissez le numéro du caractère de départ");

var nPos2=prompt("Jusqu'à quelle position ?",
"Saisissez le numéro du dernier caractère");

var sTxt = texte.substring(nPos1, nPos2);
document.write("Voici la partie de votre texte : "
+sTxt.fontcolor("blue"));
```

Conclusion

L'objet **string** est vraiment très pratique et va vite devenir indispensable. Vous allez énormément manipuler les chaînes de caractères. En effet avec cet objet vous allez pouvoir générer du code HTML. Combiner à l'objet Document que vous verrez par la suite, vous pourrez dynamiquement modifier le contenu de votre page HTML en modifiant toutes les parties textes. Vous pourrez par exemple augmenter la taille de police d'un paragraphe ou le mettre en gras au survol de la souris pour le mettre en avant. Vous pourrez aussi ajouter des liens particuliers pour les membres inscrits de votre site. En ajoutant ce genre d'interactivité à votre site Web vous allez le rendre très attractif. La chaîne de caractères est à la base de tout site Web, pouvoir les manipuler avec JavaScript est un vrai plus.

JAMAIS JAMAIS JAMAIS. N'ABANDONNEZ JAMAIS

11100

01001

101

— WINSTON CHURCHILL

CHAPITRE 16

COMMENT UTILISER LES FONCTIONNALITÉS DATE AVEC JAVASCRIPT

Dans ce chapitre, vous allez découvrir l'objet **date**. Celui-ci est très utilisé. Vous allez apprendre, ici, à manipuler les dates aux travers des propriétés et des méthodes de l'objet **date**. Les dates sont omniprésentes sur internet et avec l'objet **date** de JavaScript, vous allez pouvoir facilement et très simplement les manipuler. C'est un objet très puissant qui vous apporte de nombreuses fonctionnalités.

Objet date

Pour créer une date, il suffit juste de l'invoquer avec le constructeur **date**. Il existe différentes façons de créer une date précise avec différents paramètres.

Exemple :

```
var dMaDate = new Date();
var dDate1 = new Date("December 20, 2015
12:38:00");
var dDate2 = new Date("2015-12-
20T12:38:00");
var dDate3 = new Date(2015,11,20);
var dDate4 = new Date(2015,11,20,12,38,0);
```

Objet date : les méthodes

- **getDate** renvoie le numéro du jour de mois entre 1 et 31.

- **getDay** renvoie le numéro du jour de la semaine entre 0 et 6, avec 0 qui correspond à dimanche et 6 à samedi.

- **getFullYear** renvoie l'année sur 4 chiffres.

- **getHours** renvoie l'heure avec le 0 pour minuit jusqu'à 23.

- **getMilliseconds** renvoie le nombre de millisecondes de 0 à 999.

- **getMinutes** renvoie le nombre de minutes de 0 à 59.

- **getSeconds** renvoie le nombre de secondes de 0 à 59.

- **getMonth** renvoie le numéro du mois de 0 pour janvier à 11 pour décembre.

- **getTimes** c'est un nombre de millisecondes écoulées depuis le 1er janvier 1970, c'est un **timestamp.**

- **getTimezoneOffset** renvoie le nombre de minutes qui sépare le lieu de l'exécution du script du méridien de Greenwich.

- **getYear** renvoie l'année sur deux chiffres pour toutes les années avant l'an 2000 et pour les années après l'an

2000, renvoie l'année sur quatre chiffres (99 pour 1999, 2015 pour 2015).

Les méthodes suivantes servent à modifier une date, par exemple, si vous voulez afficher une date personnalisée :

- **setFullYear** pour modifier l'année sur 4 chiffres.

- **setHours** pour modifier l'heure.

- **setMilliseconds** pour modifier les millisecondes.

- **setMinutes** pour modifier les minutes.

- **setMonth** pour modifier le mois (de 0 pour janvier à 11 pour décembre).

- **setSeconds** pour modifier les secondes.

- **setTime** pour modifier la date à partir d'un **timestamp** (temps écoulé en millisecondes depuis le 1ᵉʳ janvier 1970.

- **setYear** pour modifier l'année sur 2 chiffres (utilisez plutôt **setFullYear**).

- **setDate** pour modifier le jour du mois (de 1 à 31).

D'autres méthodes existent pour l'objet **date** :

- **parse** permet de convertir un objet **date** en nombre de millisecondes écoulées depuis le 1er janvier 1970.

- **toLocaleString** convertit l'objet **date** en une chaîne de caractères selon le format local.

- **toString** convertit l'objet **date** en chaîne de caractères.

- **toUTCString** va convertir l'objet **date** en chaîne de caractères selon le format UTC (Univers Times Converter), cela convertit en millisecondes la différence entre une date et le 1er janvier 1970.

Exemple d'affichage de la date du jour :

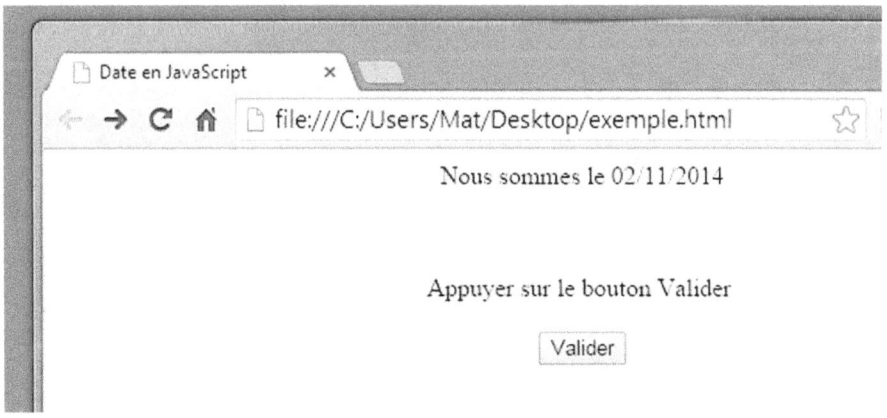

175

Exemple de code pour afficher la date du jour :

```html
<html xmlns="http://www.w3.org/1999/xhtml">
<head>
<meta http-equiv="Content-Type"
content="text/html; charset=utf-8" />
    <title>Date en JavaScript</title>
    <script type="text/javascript">
    function affiche()
    {
        oDate = new Date;
        var jour = oDate.getDate();
        if (jour<10)jour="0"+jour;
        var mois = oDate.getMonth()+1;
        if (mois<10)mois="0"+mois;
        var annee = oDate.getFullYear();
        var node =
        document.getElementById("write");
        node.innerHTML =
        "<p>Nous sommes le "+
        jour+"/"+mois+"/"+annee+"</p>";
        return;
    }
    </script>
    </head>
    <body>
        <center>
        <div id="write"></div>
        <br /><br />
        Appuyer sur le bouton Valider
        <br/><br/>
        <input type="button" value="Valider"
        onclick="affiche()" /><br />
        </center>
    </body>
</html>
```

Conclusion

L'objet **date** vous offre tout un tas de possibilités pour afficher une date avec l'heure sur votre site pour vos visiteurs. Vous pourrez aussi stocker des dates et des heures dans une base de données MySQL pour pouvoir les restituer plus tard depuis la base de données. Vous pourrez alors les manipuler et faire tout ce dont vous avez besoin. Les dates sont très utiles dans les forums, les serveurs de news, les sites, mais aussi pour gérer des paniers d'achat, des commandes en ligne, des prises de rendez-vous ou des agendas. Les possibilités sont infinies et avec l'objet **date** de JavaScript vous avez tous les outils pour gérer toutes les dates de votre site.

On a toujours le choix : rester le même ou évoluer

— *Anonyme*

11100
01001
101

CHAPITRE 17

MANIPULEZ LES FORMULAIRES AVEC JAVASCRIPT

Dans ce chapitre, vous allez apprendre à utiliser les formulaires avec JavaScript. Les formulaires sont omniprésents sur le Web, vous les avez forcément déjà croisés. Les formulaires servent à poster des nouvelles, prendre contact, laisser son adresse mail, etc. L'interaction entre l'utilisateur et le site web est alors complète. L'utilisateur va devoir saisir des informations qui vont ensuite être traitées par le site pour lui donner une réponse adéquate. JavaScript vous permet d'aller encore plus loin dans l'interaction de vos utilisateurs avec les formulaires. Vous allez par exemple pouvoir vérifier les informations saisies par l'utilisateur avant que les données ne soient envoyées. Non seulement cela permet d'informer rapidement le visiteur s'il manque des informations ou que celles-ci sont erronées, mais cela permet aussi de sécuriser votre site en évitant l'envoi de contenu susceptible de provoquer des erreurs.

179

Rappel sur les formulaires partie HTML

Pour mettre en œuvre votre formulaire vous avez plusieurs paramètres à renseigner dans la partie HTML :

- **action** est l'action exécutée par le formulaire, l'url de la page appelée après validation du formulaire.

- **encoding** définit le type de codage des données lors de l'envoi du formulaire (par exemple, text/plain indique que les données sont envoyées sous la forme de texte).

- **method** est la méthode d'envoi du formulaire (GET/ POST).

- **name** c'est le nom du formulaire.

- **target** est la façon d'ouvrir la page ciblée par le formulaire (_blank, _self, ...).

Syntaxe :

```
<form name="nomduformulaire"
method="POST"
action="url.html">

</form>
```

Vous avez ensuite différentes balises qui vont constituer les différents éléments de votre formulaire.

Exemple :

```
<form id="form" name="form" method="" action="" >

<p><input name="nom" type="text" id="nom"> </p>

<p>
    <td><input name="java" type="checkbox"
    id="java" value="checkbox">JavaScript</td>
    <td><input name="as" type="checkbox"
    id="as" value="checkbox">ActionScript</td>
    <td><input name="php" type="checkbox"
    id="php" value="checkbox">PHP</td>
</p>

<p>
    <td><input name="javascript" type="radio"
    id="javascript" value="oui">
    Oui, JavaScript Facile</td>
    <td><input name="javascript" type="radio"
    id="javascript" value="non"> Non</td>
</p>

<p>Quel est le langage le plus facile ?
    <select name="langage" id="langage">
        <option>ActionScript</option>
        <option>PHP</option>
        <option>JavaScript</option>
    </select>
    </p>
```

```html
<p>Quel est le langage le plus facile ?
    <select name="prog" multiple id="prog">
        <option value="ActionScript">
            ActionScript
        </option>
        <option value="PHP">
            PHP
        </option>
        <option value="JavaScript">
            JavaScript
        </option>
    </select>
</p>
</form>
```

Les formulaires en JavaScript

En JavaScript vous disposez de l'objet **form** pour interagir avec les formulaires HTML. Cet objet possède des méthodes, pour l'essentiel vous utiliserez la méthode **reset()** qui permet de remettre à zéro tous les champs du formulaire et la méthode **submit()** qui correspond à l'envoi du formulaire vers sa destination.

Utiliser la méthode **submit()** de JavaScript plutôt que l'envoi normal du formulaire va vous permettre d'insérer un certain nombre de vérifications avant l'envoi réel du formulaire. Cela donnerera l'opportunité au visiteur de corriger le formulaire avant l'envoi réel de celui-ci.

Les formulaires : les éléments

Comme vous l'avez vu dans l'exemple, vous avez différents éléments qui composent un formulaire, ceux-ci sont de types différents, vous retrouverez ci-dessous une description succincte des types les plus couramment utilisés :

- **text** est une zone de saisie sur une seule ligne pour que l'utilisateur renseigne un texte. Par exemple, vous pouvez y saisir un nom, un prénom, une adresse mail ou un numéro de téléphone.

- **textarea** est une zone de saisie sur plusieurs lignes. Ce type est souvent utilisé dans les zones de commentaires pour laisser au visiteur l'opportunité de saisir plusieurs lignes de commentaires.

- **checkbox** est utilisé pour faire des cases à cocher.

- **radio** est utilisé pour faire des boutons radio, contrairement aux checkbox ou plusieurs cases peuvent être cochées en même temps, un seul bouton radio peut être actif à la fois.

- **password** est utilisé pour la saisi de mot de passe. Il est identique au type **text**, à la différence que tout ce qui est saisi dans la zone de texte est changé en cercle ou en étoile.

- **hidden** est un champ de formulaire caché au visiteur, il est très utilisé pour récupérer des informations sur vos visiteurs comme, d'où il vient ou ce qu'il utilise comme navigateur. Cela vous permet de faire des statistiques sur le profil de vos visiteurs.

- **file** est une zone qui va vous servir à ouvrir un explorateur de fichiers dans le but d'en sélectionner un. Cela permet par exemple, à vos visiteurs, de vous envoyer des fichiers ou de personnaliser une signature avec une image personnelle présente sur son ordinateur.

Vous avez également les zones de sélection avec par exemple, les listes déroulantes ou les listes de sélection multiple. Dans ce cas, vous utiliserez la balise **select**, suivi de balise **option**.

En dernier lieu, vous avez les types **submit** et **reset**, qui permette de soumettre le formulaire pour **submit** et de l'effacer pour **reset**. Sur la page, ils vont prendre l'apparence de boutons.

Accéder aux éléments avec JavaScript

Pour accéder aux éléments de votre formulaire il n'y a rien de plus simple en JavaScript, il suffit de préciser le nom de l'élément auquel vous voulez accéder. Si vous avez plusieurs formulaires dans votre page, il faudra également préciser le nom du formulaire auquel vous voulez accéder.

Syntaxe :

```
form.nomdelelement

form["nom du formulaire"].nomdelelement
```

Si plusieurs éléments on le même nom, comme par exemple pour les boutons radios, pour accéder à chacun des éléments, vous devrez préciser son indice. Le premier élément ayant toujours l'indice 0.

Syntaxe :

```
form.nomdelelement[indice]
```

Les champs de saisi

Pour récupérer le texte du champ de saisi vous allez utiliser la propriété **value** sur l'élément texte auquel vous accédez.

Syntaxe :

```
form.nomdelelement.value
```

Exemple :

```
<form id="form" name="form" method="" action="">
<input name="champ1" type="text" id="nom">
<p>
<input name="Submit" type="submit"
    value="Valider"
    onClick="alert(form.champ1.values);"/>
</p>
```

C'est très pratique pour contrôler ce qui est saisi par le visiteur. Si vous lui demandez un numéro de téléphone vous pouvez vérifier que ce qu'il a saisi est bien un numéro de téléphone. Vous faire de même avec une adresse mail. Vous pouvez également vérifier qu'un champ obligatoire a été renseigné, etc.

Les formulaires : les cases à cocher

Pour tester si une case est cochée, vous pouvez utiliser la propriété **checked** sur le champ d'un formulaire de type checkbox.

Syntaxe :

```
form.nomdelelement.checked
```

Si la case est cochée, alors la propriété sera positionnée à vrai, et à faux dans le cas contraire.

Exemple :

```
function testCheckBox()
{
    var sTxt = "";
    if(form.java.checked ==true)
      sTxt += "\nVous avez coché JavaScript !";

    if(form.as.checked ==true)
      sTxt += "\nVous avez coché ActionScript !";

    if(form.php.checked ==true)
      sTxt += "\nVous avez coché PHP !";

    alert(sTxt);
    return;
}
```

Les formulaires : les boutons radios

Pour les boutons radio, c'est le même principe que pour les checkbox, vous pouvez utiliser la propriété **checked** pour savoir quel bouton est coché.

Pour parcourir la liste des boutons radios, vous pouvez utiliser la propriété **lenght** qui indique le nombre d'éléments que compose cette liste.

Exemple d'utilisation :

```
for(var i = 0; i < form.javascript.lenght ; i ++)
{
    if(form.javascript[i].checked)
        alert(form.javascript[i].value);
}
```

Les formulaires : les listes

Pour les listes, vous avez plusieurs propriétés qui leur sont propres :

- **name** correspond au nom de la liste.

- **selectedindex** indique l'indice de la ligne actuellement selectionnée (débute à 0).

- **lenght** correspond au nombre d'éléments de la liste.

- **value** renvoi la valeur de la ligne actuellement sélectionnée.

- **text** renvoi le libellé de la ligne actuellement selectionnée.

Exemple d'utilisation :

```
function testListe()
{
    var sTxt = "";

    if(form.langage.selectedIndex == 0)
        sTxt = "ActionScript Facile !";
    else if(form.langage.selectedIndex == 1)
        sTxt = "PHP Facile !";
    else if(form.langage.selectedIndex == 2)
        sTxt = "JavaScript Facile !";
    else
        sTxt = "Aucun choix...";

    alert(sTxt);
    return;
}
```

Fonctionnalités utile pour vos formulaires JavaScript

1 - Effacer un formulaire

Pour effacer un formulaire vous pouvez utiliser la méthode **reset**.

Syntaxe :

```
form.reset()
```

Exemple à intégrer dans la partie formulaire du fichier HTML:

```
<input name="Reset" type="button" value="Effacer
les champs" onClick="form.reset()">
```

À le même effet que :

```
<input name="Reset" type="reset" value="Effacer
les champs">
```

2- Envoyer un mail avec un formulaire

Vous pouvez envoyer les données d'un formulaire à une adresse mail. Pour ce faire, vous devez préciser **mailto** dans la propriété **action** de votre formulaire.

Syntaxe :

```
<form id="form" name="form" method=""
action="mailto: votre@adresse.mail" >
<p><input name="nom" type="text" id="nom">
</p>
</form>
```

3 - Soumettre un formulaire

Pour envoyer votre formulaire avec JavaScript, vous pouvez utiliser la méthode **submit()**. C'est très utile si vous voulez, par exemple, vérifier le formulaire avant de l'envoyer. Cela permet de ne pas soumettre des formulaires incomplets.

Exemple:

```html
<html xmlns="http://www.w3.org/1999/xhtml">
    <head>
    <meta http-equiv="Content-Type"
    content="text/html; charset=utf-8" />
    <title>Formulaires en JavaScript</title>
    <script type="text/javascript">
        function verifEtEnvoi()
        {
            if(form.nom.value == '')
                alert("ce champ est
                obligatoire");
            else
                form.submit();
            return;
        }
    </script>
    </head>
    <body>
    <center>
    Appuyer sur le bouton Envoyer <br/><br/>
    <form id="form" name="form" method="post"
    action="mailto:mon@adresse.mail
    enctype="text/plain">
```

```
<p>Texte<input name="nom"type="text"
id="nom"> </p>
<input name="Submit" type="button"
value="Envoyer" onClick="verifEtEnvoi()">
</form>
</center>
</body>
</html>
```

Résultat de l'exécution du script :

Conclusion

Vous savez maintenant manipuler les formulaires avec JavaScript. Vous pouvez dès maintenant rajouter des contrôles et ainsi sécuriser vos formulaires et il ne faut pas négliger l'aspect sécurité, il y a toujours des personnes malintentionnées qui essayeront de faire un mauvais usage de votre application Web. Avec JavaScript, vous pourrez vous prémunir très simplement de ce genre de problème. Vous pourrez également facilement orienter les utilisateurs sur les erreurs qu'ils pourraient faire dans leurs saisis des formulaires.

Note

....
....
....
....
....
....
....
....
....
....
....
....
....
....
....
....
....
....
....
....
....
....
....
....
....
....
....
....
....
....
....
....
....

« IL Y A DEUX TYPES DE PERSONNES.
CELLES QUI AGISSENT DÉJÀ,
ET CELLES QUI AGIRONT... UN JOUR... »

– ANONYME

CHAPITRE 18

RENDEZ VOTRE SITE WEB COMPATIBLE AVEC TOUS LES NAVIGATEURS DU MARCHÉ

Dans ce chapitre, vous allez découvrir l'objet **navigator**. C'est un objet qui deviendra vite indispensable puisqu'il vous permettra d'avoir des informations sur le navigateur utilisé pour visionner votre site. Vous pourrez alors adapter votre site à vos visiteurs. Il faut savoir que tous les navigateurs ne sont pas compatibles avec toutes les fonctionnalités de JavaScript. Cela veut dire que si vous développez un site et le testez sur un navigateur particulier, il se peut que sur un autre navigateur il ai un autre comportement. Cela peut se traduire par une présentation ou un rendu différent, mais peut aussi aller jusqu'à un disfonctionnement et rendra votre site inutilisable. Pour un site de commerce en ligne cela peut vous faire perdre des clients. Heureusement l'objet **navigator** de JavaScript est là pour vous aider à résoudre ce problème.

Objet navigator

L'objet **navigator** est donc le premier objet que vous allez découvrir un peu plus en profondeur. Cet objet est très intéressant car il fournit des informations sur les navigateurs utilisés par le visiteur. Ainsi, vous allez savoir s'il utilise Mozilla Firefox, Internet Explorer, Google Chrome, Safari, Lynx, etc. Cela va vous permettre d'adapter automatiquement votre site grâce à l'utilisation du JavaScript.

Les propriétés de l'objet **navigator** :

- **appCodeName** contient le code du navigateur.

- **appName** contient le nom du navigateur du visiteur.

- **appVersion** contient la version du navigateur. Il existe d'anciennes versions de navigateurs qui ne prennent pas en charge certains éléments récents de sites internet.

- **cookieEnabled** renverra **true** si les cookies sont activés sur le poste de l'internaute, **false** dans le cas contraire.

- **cpuClass** contient le type de processeur de l'ordinateur utilisé.

- **mimeTypes** renvoi un tableau avec tous les types MIME (formats de données) supportés par le navigateur.

- **plateform** contient le système d'exploitation sur lequel le navigateur fonctionne (Mac OS, Linux, Windows...).

- **plugins** vous renverra un tableau de tous les plugins installés sur le navigateur.

- **userAgent** renvoi les informations concernant le navigateur de l'internaute, cette propriété est souvent utilisée.

- **userLanguage** renvoi la langue utilisée par le navigateur, ce qui vous permet d'en déduire la langue de l'internaute.

Une méthode qui peut être utile :

- **javaEnable()** renvoi **true** si le navigateur peut exécuter des applications Java (les applis Java sont différentes du JavaScript, il ne faut pas confondre les deux langages), **false** dans le cas contraire

Exemple :

```
function affiche(){
    navigateur=navigator.appName;
    version=navigator.appVersion;
    plateforme=navigator.platform;
    cookie=navigator.cookieEnabled;
    var sTxt = "Vous utilisez " +
    navigateur+ " "+ version +
    " comme navigateur, sur une plateforme "
    +plateforme ;
    if (cookie==true)
        sTxt+=" avec les cookies activés" ;
    else sTxt+=" avec les cookies désactivés" ;
    alert(sTxt);
}
```

Résultat de l'exécution du script :

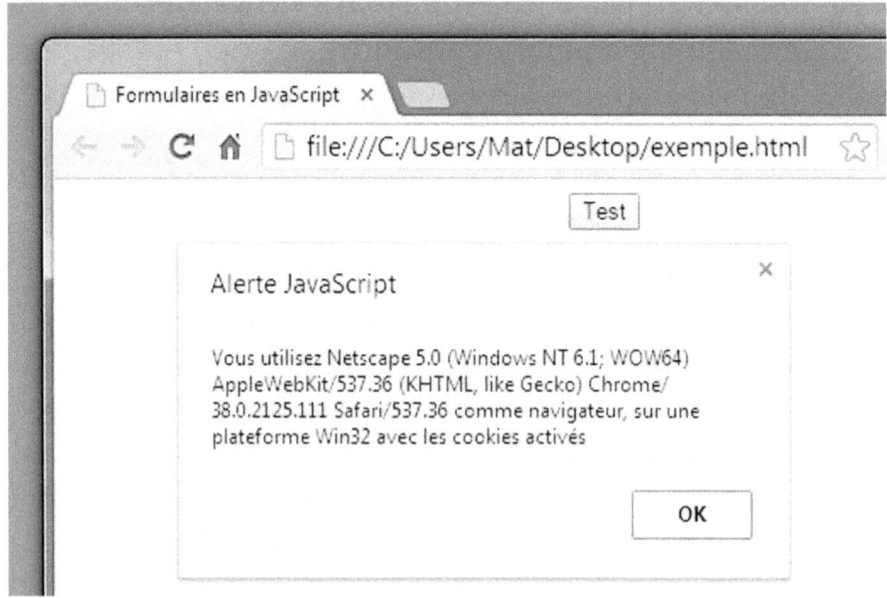

Conclusion

Maintenant que vous connaissez l'objet **navigator**, pour pourrez adapter votre site à vos visiteur dans le but de lui rendre une visite agréable et exempt de bug. Je vous conseille fortement de tester votre site Web sur différents navigateurs, aux moins les trois principaux que sont Chrome, FireFox et Internet Explorer pour voir le résultat sur chacun d'eux. En effet, suivant le navigateur utilisé, votre site pourra fonctionner différemment. Cela peut se traduire par un rendu d'affichage différent, un disfonctionnement de formulaire, voir des bugs désagréables. Grâce à l'objet **navigator** vous pourrez corriger facilement ces imperfections.

GARDEZ TOUJOURS À L'ESPRIT QUE VOTRE PROPRE DÉCISION DE RÉUSSIR EST PLUS IMPORTANTE QUE N'IMPORTE QUOI D'AUTRE

— ABRAHAM LINCOLN

CHAPITRE 19

UTILISEZ TOUTES LES INFORMATIONS DE L'OBJET WINDOW AVEC JAVASCRIPT

Dans ce chapitre, vous allez découvrir plus en profondeur l'objet **window** que vous connaissez déjà. Vous avez déjà vus certains de ces appels, propriétés, méthodes dans les cours précédents, vous allez voir maintenant l'ensemble de l'objet et son utilité, même si celle-ci n'est déjà plus à démontrer.

L'objet window

L'objet **window** est le plus élevé dans la hiérarchie des objets JavaScript, en fait c'est le parent de tous les objets placés à l'intérieur de la page Web.

Voici ses propriétés :

- **closed** contient **true** si la fenêtre à laquelle on se réfère est fermée.

- **document** contient l'objet **document** courant.

- **history** contient l'objet **history** qui contient l'historique, ce qui correspond à l'historique de l'internaute, les pages qu'il a visitées, les pages précédentes et les pages suivantes.

- **innerHeight** contient la hauteur de la fenêtre.

- **innerWidth** contient la largeur utilisable pour une fenêtre.

- **location** contient l'URL de la page chargée. Ce qui va vous permettre d'effectuer des redirections en JavaScript.

- **locationbar** contient le contenu de la barre d'adresse du navigateur.

- **menubar** contient l'objet **menubar** qui correspond à la barre de menu du navigateur.

- **name** contient le nom de la fenêtre.

- **outerHeight** contient la hauteur extérieure de la page en pixels.

- **outerWidth** contient la largeur extérieure de la page en pixels.

- **pageXoffset** contient la position horizontale en pixels de la fenêtre (coordonnée X du coin supérieur gauche de la fenêtre).

- **pageYoffset** contient la position verticale en pixels de la fenêtre (coordonnées Y du coin supérieur gauche de la fenêtre).

- **parent** contient l'objet de type **window** qui inclus l'ensemble des cadres de la fenêtre en cours, si la fenêtre ne comprends pas de cadre, alors l'objet **parent** est identique à l'objet **window**, sinon cet objet vous permet d'accéder au différents cadres de votre fenêtre. Les cadres sont la résultante de la balise **FRAME** du code HTML, ils sont de moins en moins utilisés.

- **scrollbars** contient un objet **scrollbars** correspondant aux barres de défilement horizontales et verticales avec la propriété visible de **scrollbar**, vous pourrez savoir si celle-ci sont affichées ou non.

- **self** c'est la fenêtre courante donc l'objet **window.**

- **status** contient la petite barre de statut qu'il y a tout en bas du navigateur, en bas de la fenêtre des fois il y a l'heure d'affichée et un petit message qui défile.

- **toolbar** contient l'objet **toolbar** qui correspond à la barre d'outils en haut du navigateur.

- **top** contient un objet **window** qui correspond à la fenêtre de plus haut niveau à l'intérieur d'une page, donc pour les fenêtres les unes sur les autres, ce sera la fenêtre de plus haut niveau.

- **window** contient la fenêtre courante.

Objet window : les méthodes

- **back** pour retourner à la page précédente dans l'historique des pages visitées. C'est très pratique quand vous voulez effectuer un menu de navigation pour vos visiteurs, à utiliser avec la méthode **forward**.

- **forward** pour aller à la page suivante dans l'historique des pages visitées.

- **blur** pour désactiver la fenêtre courante.

- **close** pour fermer la fenêtre courante.

- **find** pour effectuer une recherche de texte dans la page active.

- **focus** pour activer une fenêtre, c'est la méthode inverse de **blur.**

- **home** pour afficher la page définie comme page d'accueil dans le navigateur de l'utilisateur.

- **moveTo** pour déplacer la fenêtre active.

- **print** pour afficher la fenêtre d'impression du navigateur, ce qui permet d'imprimer la fenêtre active.

- **resizeBy** pour modifier la taille de la fenêtre active.

- **resizeTo** fait la même chose que **resizeBy**

- **setTimeout** effectue un traitement à intervalles régulier. L'intervalle est précisé en millisecondes. **setTimeout** est souvent utilisé dans les longues pages sur internet. Cela permet par exemple, de masquer une partie du contenu pendant un certain temps, puis de l'afficher au bout de quelques secondes.

Exemple d'horloge avec l'objet date et la méthode setTimeout ():

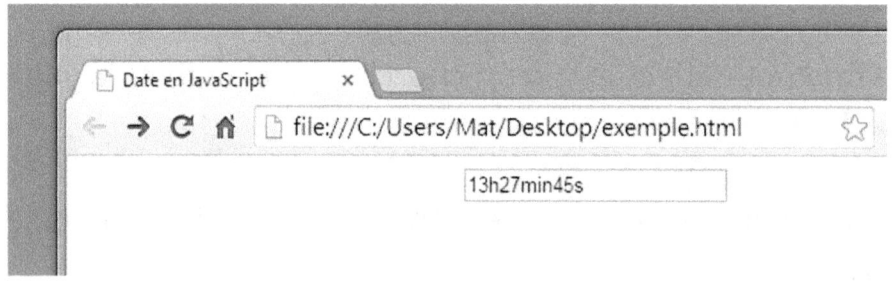

210

Exemple de code pour l'affichage d'une horloge :

```html
<html xmlns="http://www.w3.org/1999/xhtml">
    <head>
    <meta http-equiv="Content-Type"
    content="text/html; charset=utf-8" />
    <title>Date en JavaScript</title>

    <script type="text/javascript">
    function afficheHeure()
    {
        var oDate = new Date();
        heures = oDate.getHours();
        minutes = oDate.getMinutes();
        secondes = oDate.getSeconds();
        if(heures<10) heures="0"+heures;
        if(minutes<10) minutes="0"+minutes;
        if(secondes<10) secondes="0"+secondes;
        document.form.heure_locale.value=
        heures+"h"+minutes+"min"+secondes+"s";
        setTimeout("afficheHeure()", 900);
    }
    </script>
    </head>
    <body onload=afficheHeure()>
      <center>
          <form name="form" method="post"
          action="">
          <input name="heure_locale"
          type="text" id="heure_locale"
          size="20">
          </form>
      </center>
    </body>
</html>
```

Objet window : méthode open

La méthode **open** vous permet d'ouvrir une nouvelle fenêtre de votre navigateur Web. On appelle souvent cette nouvelle fenêtre : un pop-up. Avec cette méthode vous pouvez définir de nombreux paramètres sur la nouvelle fenêtre ouverte comme sa taille ou sa position, mais aussi si vous voulez ou non, afficher les menus, la barre d'adresse ou la barre d'outils.

<u>Syntaxe:</u>

```
window.open(url [, nom] [, options] )
```

- **url** est l'URL à charger dans la nouvelle fenêtre créée. Cela peut être un document HTML, une image ou n'importe quel fichier qu'un navigateur internet peut gérer.

- **nom** sera le nom d'identification de la nouvelle fenêtre (il ne s'agit pas du titre de la fenêtre mais d'un identifiant pour, par exemple, être la cible de liens avec l'attribut **target**).

- **options** est une chaine de caractères pouvant contenir différentes options.

- **alwaysLowered** pour créer une nouvelle fenêtre qui sera positionnée sous les autres.

- **alwaysRaised** pour créer une nouvelle fenêtre au-dessus des autres.

- **dependent** pour créer une nouvelle fenêtre dépendante de la première, si vous fermez la première fenêtre, la nouvelle fenêtre sera fermée également.

- **directories** pour affiche la barre d'outils personnelle

- **focus** pour activer la fenêtre qui vient d'être créée (comme si vous aviez cliqué dessus).

- **fullscreen** pour mettre la fenêtre en plein écran.

- **height** permet de spécifier la hauteur intérieure de la fenêtre en pixels (vous pouvez aussi utiliser **innerHeight**).

- **width** permet de spécifier la largeur intérieure de la fenêtre en pixels (vous pouvez aussi utiliser **innerWidth**).

- **hotkeys** permet d'activer ou de désactiver des raccourcis clavier dans la nouvelle fenêtre.

- **left** permet de définir la position de la nouvelle fenêtre par rapport au bord gauche de l'écran.

- **top** permet de définir la position de la nouvelle fenêtre par rapport au bord supérieur de l'écran.

- **location** permet d'afficher ou de masquer la barre d'adresse.

- **menubar** permet d'afficher ou de masquer la barre de menu située en haut de la fenêtre.

- **outerHeight** permet de spécifier la hauteur extérieure de la fenêtre en pixels (avec les menus, les différentes barres et les bordures).

- **outerWidth** permet de spécifier la largeur extérieure de la fenêtre en pixels (avec la barre de défilement et les bordures).

- **resizable** permet d'autoriser ou non le redimensionnement de la nouvelle fenêtre

- **scrollbars** permet d'autoriser ou non la barre de défilements.

- **status** permet d'afficher ou de masquer la barre de statut qui est en bas de votre fenêtre.

- **toolbar** permet d'afficher ou de masquer la barre de navigation de la fenêtre.

Il existe encore d'autres options et suivant le navigateur certaines ne fonctionneront pas, il vous faudra donc tester votre fonction dans différents environnements pour vous assurer qu'elle fonctionne comme vous le souhaitez.

Exemple :

```html
<html xmlns="http://www.w3.org/1999/xhtml">
    <head>
    <meta http-equiv="Content-Type"
    content="text/html; charset=utf-8" />
    <title>Windows en JavaScript</title>
        <script type="text/javascript">
        var oFenetre;
        function ouvrir()
        {
            oFenetre = window.open(
            "idix.jpg","Nouvelle",
            "height=200,width=600,
            menubar=no, toolbar=no,
            resizable=yes,scrollbar=yes");
        }
        </script>
    </head>
    <body onUnload="window.oFenetre.close()">
        <center>
        Test objet window avec les boutons
        <br/><br/>
        <input type="button" name="Ouvrir"
        value="Afficher la nouvelle fenêtre"
        onClick="ouvrir();">
        <input type="button" name="Cacher"
        value="Cacher la nouvelle fenêtre"
        onClick="oFenetre.blur()">
        <input type="button" name="Montrer"
        value="Montrer la nouvelle fenêtre"
        onClick="oFenetre.focus()">
        <br />
        </center>
    </body>
</html>
```

Exemple d'affichage du code précédent :

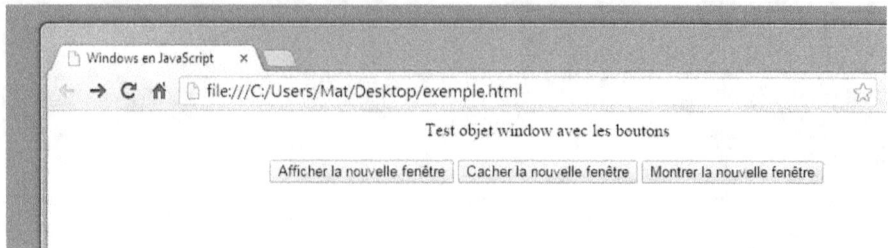

Exemple d'ouverture d'une nouvelle fenêtre :

Conclusion

Vous savez maintenant comment manipuler les fenêtres du navigateur avec JavaScript. Vous pouvez les utiliser pour afficher des pop-ups sur vos sites internet. Vous pourrez par exemple, afficher des agrandissements d'images dans un pop-up ou afficher un formulaire de contact. Savoir manipuler les fenêtres pourra vous être très utile. Sachez cependant que la plupart des navigateurs récents ont tendance à bloquer l'ouverture de ce genre de fenêtres. Ils ont trop souvent été utilisés pour afficher des publicités intempestives pouvant gêner la navigation. Il est quand même possible d'autoriser l'ouverture de pop-up pour un site particulier grâce à une option du navigateur.

SI QUELQU'UN EST CAPABLE
D'UNE CHOSE,
VOUS EN ÊTES CAPABLE AUSSI.
IL FAUT JUSTE APPLIQUER
LA BONNE MÉTHODE.
TOUT LE RESTE ?
C'EST DES EXCUSES

— YOANN ROMANO

CHAPITRE 20

COMMENT UTILISER L'OBJET SCREEN AVEC JAVASCRIPT

Dans ce chapitre, nous allons aborder l'objet **screen**. Celui-ci correspond à l'écran de l'utilisateur de votre site. Avec cet objet vous allez pouvoir connaître les détails concernant le matériel du visiteur, en particulier la résolution de son écran ainsi que le nombre de couleurs qu'il est capable d'afficher. C'est très utile pour adapter l'affichage de votre site au visiteur. En effet, votre site n'aura pas forcément le même rendu sur un écran haute-résolution que sur un écran classique.

Objet screen

L'objet **screen** correspond à l'écran utilisé par le visiteur. Vous saurez tout ! Sa résolution, si il est en 16, 24, 32 bits, etc.

<u>Ci-dessous, retrouvez les propriétés de l'objet screen :</u>

- **availHeight** est la hauteur utile de l'écran exprimée en pixel (cela correspond la hauteur total de l'écran moins la hauteur d'une éventuelle barre des tâches comme la barre de windows).

- **availWidth** est la largeur utile de l'écran exprimée en pixels.

- **colorDepth** est la profondeur de couleur que l'écran peut restituer 8, 16, 32 bits.

- **pixelDepth** est la résolution de l'écran en nombre de couleur exprimée en bits par pixels.

- **height** la hauteur totale d'affichage de l'écran exprimée en pixels.

- **width** la largeur totale d'affichage de l'écran exprimée en pixels.

- **orientation** pour connaître l'orientation de l'écran, portrait ou paysage (cette fonctionnalité n'est pas supportée par tous les navigateurs).

Exemple :

```html
<html xmlns="http://www.w3.org/1999/xhtml">
    <head>
  <meta http-equiv="Content-Type" content="text/
html; charset=utf-8" />
    <title>Screen en JavaScript</title>
    <script type="text/javascript">
    function affiche()
    {
        var nUtilLargeur=screen.availWidth;
        var nUtilHauteur=screen.availHeight;
        var largeur =screen.width;
        var hauteur=screen.height;
        var couleurs=screen.colorDepth;
                    var node = document.
getElementById("write");
        node.innerHTML = "<p>La résolution de votre
écran est de : "+largeur+" par "+hauteur+" pixels
avec des couleurs en "+couleurs+" bits. \rLa surface
utile de votre affichage est de "+nUtilLargeur+"
par "+nUtilHauteur+" pixels.</p>";
            return;
    }
    </script>
    </head>
    <body>
      <center>
        <div id="write"></div>
        <br /><br />
            Appuyer sur le bouton Valider
<br/><br/>
        <input type="button" value="Valider"
onclick="affiche()" /><br />
      </center>
    </body>
</html>
```

221

Exemple d'affichage du code précédent :

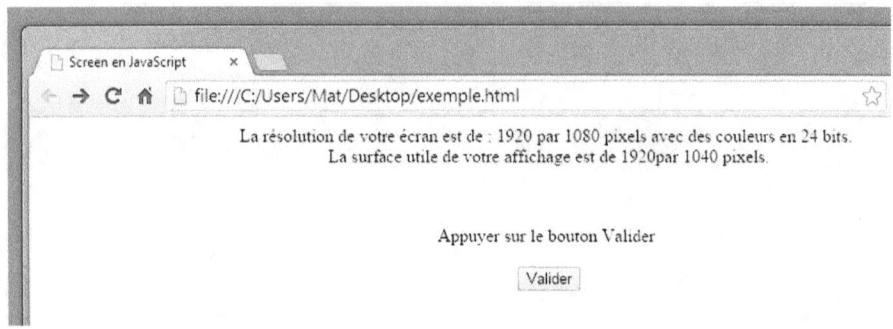

Ce code vous permet de connaître différentes information sur votre écran.

Avec l'exemple ci-dessous, vous pourrez adapter votre site en ajustant les couleurs à votre visiteur là où c'est nécessaire en testant simplement la variable site_couleur_HD :

```
var site_couleur_HD = true;
// vérifier la profondeur des couleurs
if ( window.screen.colorDepth < 8) {
    site_couleur_HD = false;
}
```

Conclusion

L'avantage de l'objet **screen** est qu'il va vous permettre d'ajuster l'affichage de votre site Internet en fonction de l'espace disponible sur l'écran de l'internaute. C'est donc très intéressant pour optimiser l'affichage. Que le visiteur soit sur un écran HD, une tablette, un Smartphone ou un écran télé, vous allez pouvoir adapter la résolution en fonction de son matériel. Votre site sera ainsi toujours bien présenté quel que soit le support sur lequel il est visité.

SI LOIN QUE VOUS ALLIEZ, SI HAUT QUE VOUS MONTIEZ, IL VOUS FAUT COMMENCER PAR UN SIMPLE PAS

— SHITAO

CHAPITRE 21

COMMENT L'OBJET JAVASCRIPT HISTORY VOUS DONNE UN TAS D'INFORMATIONS

Dans ce chapitre, vous allez apprendre à utiliser l'objet **history**. Cet objet vous permet d'accéder à l'historique de l'utilisateur, de voir quelles pages il a visitées avant d'arriver sur votre site, mais aussi de voir comment il navigue dans votre site. Ce sont des informations précieuses que vous pourriez récupérer et analyser dans le but de toujours améliorer votre site, son confort et sa lisibilité. Mais vous pouvez aussi avec cet objet, réaliser vous-même au sein de votre site, un menu de navigation avec les boutons page précédente, page suivante.

L'objet history

L'objet **history** est en fait une liste qui correspond à l'historique de navigation de l'internaute. Il contient les pages précédentes, mais aussi les suivantes s'il y en a. Il ne possède que deux propriétés :

- **length** correspond au nombre d'éléments présents dans l'historique (nombre de pages visitées).

- **state** contient l'état courant de la page chargée (voir ci-dessous pour son utilisation).

Les méthodes de l'objet :

- **back** permet de charger l'URL précédent dans l'historique.

- **forward** permet de charger l'URL suivante dans l'historique.

- **go** permet de charger une URL spécifique de la liste à partir d'un index. L'index peut être positif pour naviguer dans les pages suivante ou négatif pour aller dans les pages précédentes. Par exemple go(-1) est équivalent à la méthode **back**.

Les deux méthodes suivantes sont plus compliquées à utiliser et vous n'en aurez pas besoin avant de maîtriser AJAX (voir plus loin dans ce livre). Elles servent à ajouter des éléments à l'historique. L'historique est mis à jour à chaque fois que vous chargez une page HTML. Sur les sites web récents qui utilisent beaucoup le JavaScript, tout peut se passer sans recharger la page, il n'y a donc plus d'historiques mis à jour. Les méthodes suivantes permettent de palier en partie au problème en sauvegardant des états dans l'historique pour faciliter la navigation de l'internaute

- **pushState** permet d'ajouter un élément avec un état particulier dans l'historique.

Syntaxe :

```
pushState(objetEtat, titre, URL)
```

- L'objet **etat** est un objet contenant différentes propriétés sauvegardées. Pour le lire, il faudra utiliser la propriété **state** de l'objet **history.**

- **replaceState** fonctionne comme **pushState** sauf qu'elle modifie l'élément actuel de l'historique (donc la page courante) au lieu de créer un nouvel élément.

Exemple d'ajout de boutons de navigation dans votre page :

```
<html xmlns="http://www.w3.org/1999/xhtml">
    <head>
    <meta http-equiv="Content-Type"
    content="text/html; charset=utf-8" />
    <title>Date en JavaScript</title>
    <script type="text/javascript">
    function suivant(){
        window.history.forward();
    }
    function precedent(){
        window.history.back();
    }
    </script>
    </head>
    <body onload=afficheHeure()>
    <input name="Précédent"type="button"
    id="prec" size="20" value="Précédent"
    onclick="precedent()">
    <input name="Suivant" type="button"
    id="suiv" size="20" value="Suivant"
    onclick="suivant()">
    </body>
</html>
```

Exemple d'affichage du code précédent :

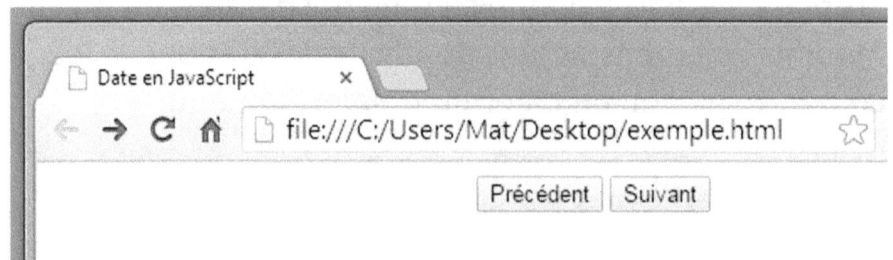

Conclusion

Vous savez désormais faire très simplement des redirections dans votre ou dans vos sites Web. Vous savez également comment récupérer de précieuses informations sur la provenance de vos visiteurs. Cela vous permettra de toujours mieux les cibler et ainsi, pouvoir mieux répondre à leurs attentes. Vous avez vu comment simplement mettre en place des boutons de navigation au sein même de vos pages. Enfin, vous avez découvert une première introduction à la manipulation de l'historique afin d'y ajouter manuellement des entrées. Ceci dans le but de proposer une navigation aisée à vos visiteurs sur une page qui serait entièrement dynamique et sans chargement.

« LES PERDANTS REGARDENT LES OBSTACLES, LES GAGNANTS LA DESTINATION »

— ANONYME

CHAPITRE 22

COMMENT EFFECTUER DES REDIRECTIONS JAVASCRIPT AVEC L'OBJET LOCATION

Ce chapitre est dédié à l'objet **location**. Celui-ci correspond à l'URL de la page. Avec cet objet, vous avez la possibilité de récupérer l'URL et de le modifier. Le principal intérêt est de pouvoir charger une autre page. Donc de faire une redirection. Cela peut vous servir par exemple, à afficher une première page d'introduction pendant quelques secondes, puis d'effectuer une redirection vers la page principale de votre site. Cela peut également vous permettre d'avoir plusieurs noms de domaines qui pointes tous vers le même site.

L'objet location : les propriétés

L'objet **location** contient des informations concernant l'URL actuelle du document. Voici les propriétés de cet objet :

- **hash** est la chaîne de caractère qui donne le nom de l'ancre dans une page. En fait, il s'agit de la chaîne de caractères qui suit le symbole «#» dans l'URL. Ne fonctionne que si votre site prévoi une navigation interne dans une page par les ancres.

- **host** est le nom de domaine de l'URL et son numéro de port. Dans les sites Intranet des entreprises, on navigue souvent avec un nom de domaine particulier sur des ports comme ::360 ou ::8080.

- **hostname** est le nom de domaine de l'URL sans le numéro du port.

- **href** correspond à l'URL complète.

- **pathname** est le chemin d'accès après le nom de domaine.

- **port** est le numéro du port de l'URL.

- **protocole** est le protocole de l'URL http ou https sur internet, file dans le cas d'un réseau local.

- **search** est la partie de l'URL qui suit le symbole «**?**» (si celui-ci est présent). Cela vous permet de récupérer les variables de l'URL. Typiquement, quand vous envoyez des données par un formulaire vers une page, celle-ci sont envoyées dans l'URL derrière le symbole «**?**».

L'objet location : les méthodes

Ci-dessous les méthodes de l'objet **location** :

- **assign(url)** permet de charger la page située à l'URL passée en paramètre.

- **reload()** correspond au bouton ACTUALISER du navigateur, cela permet de recharger la page actuelle.

- **replace(url)** permet de remplacer l'URL de la page actuelle par l'URL passée en paramètre et donc de charger la nouvelle page. A la différence de **assign**, cette nouvelle page ne sera pas enregistrée dans l'historique.

Exemple d'affichage d'informations de l'objet **location** :

Alerte JavaScript   ×

Nom de domaine de la page actuelle:
Le chemin de la page actuelle: /C:/Users/Mat/Desktop/
exemple.html
Le protocole utilisé : file:
URL de la page actuelle : file:///C:/Users/Mat/Desktop/
exemple.html

OK

234

Exemple pour afficher les informations de l'objet **location** :

```
function affiche()
{
    var sTxt = "";
    sTxt += "Nom de domaine de la page actuelle:"
    +window.location.hostname+"<br />";
    sTxt += "Le chemin de la page actuelle :"
    +window.location.pathname+"<br />";
    sTxt += "Le protocole utilisé :"
    +window.location.protocol+"<br />";
    sTxt += "URL de la page actuelle :"
    +window.location.href+"<br />";
}
</script>
</head>
<body>
    <center>
        <br /><br />
        Appuyer sur le bouton Valider
        <br/><br/>
        <input type="button" value="Valider"
        onclick="affiche()" /><br />
    </center>
    </body>
</html>
```

Exemple d'affichage d'une redirection automatique :

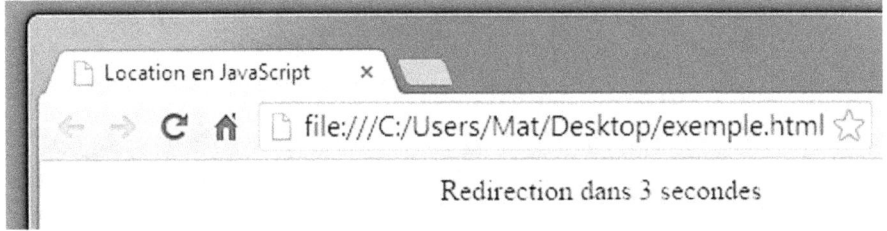

Exemple de redirection au bout de 5 secondes sans possibilité de retour :

```html
<html xmlns="http://www.w3.org/1999/xhtml">
    <head>
    <meta http-equiv="Content-Type"
    content="text/html; charset=utf-8" />
    <title>Location en JavaScript</title>
    <script type="text/javascript">
    var timer = 5;
    function redirection()
    {
        if(timer > 1)sTxt = "Redirection dans "
        + timer + " secondes";
        else sTxt = "Redirection dans "
        + timer + " seconde";
        var node =
        document.getElementById("write");
        node.innerHTML = "<p>"+sTxt
        +"<br /></p>";
        timer -= 1;
        if(timer < 0)
        window.location.replace(
        "http://www.developpement-facile.com");
        setTimeout("redirection()", 1000);
    }
    </script>
    </head>
    <body onload="redirection()">
    <center>
        <div id="write"></div>
    </center>
    </body>
</html>
```

Conclusion

L'objet **location** s'avère très pratique pour déterminer l'URL de la page actuelle et effectuer une redirection. Si vous avez des applications en JavaScript ou des jeux JavaScript et HTML 5, vous pouvez vérifier le nom de domaine sur lequel s'exécute votre application et du coup, vous pouvez faire des statistiques très détaillées sur les internautes qui utilisent vos applications. Avec les redirections vous pourrez insérer très simplement des messages importants entre vos pages.

AVEC UN TALENT ORDINAIRE ET UNE PERSÉVÉRANCE EXTRAORDINAIRE,
ON PEUT TOUT OBTENIR

– THOMAS FOXWELL BUXTON

CHAPITRE 23

MANIPULEZ LES IMAGES DIRECTEMENT AVEC JAVASCRIPT

Dans ce chapitre, vous allez apprendre à manipuler les images avec JavaScript. Vous verrez ainsi comment modifier une image directement à partir d'un évènement sans avoir à recharger la page. Vous pourrez redimensionner l'image voir même la changer complètement. Vous pourrez même faire un simple diaporama avec défilement automatique. C'est très intéressant si vous voulez introduire un peu d'animation dans votre site.

Les images : les propriétés

Découvrez d'abord les propriétés de l'objet **image** :

- **alt** est le texte qui s'affiche dans une info bulle lorsque la souris est positionnée au-dessus de l'image.

- **border** définit la taille de la bordure autour de l'image, souvent mis à zéro pour enlever cette bordure.

- **complete** est à **true** si le chargement de l'image dans la page s'est correctement terminé, sinon **false.**

- **fileSize** est la taille de l'image en octets.

- **height** est la hauteur de l'image en pixels.

- **width** est la largeur de l'image en pixels.

- **length** est le nombre d'images présentes dans la page.

- **name** est le nom de l'image.

- **src** est l'URL source de l'image.

- **title** est le titre de l'image que vous voyez quand vous passez la souris au-dessus de l'image.

- **hspace** est l'espace des pixels entre une image et les éléments situés à droite et à gauche.

- **vspace** est l'espace des pixels entre une image et les éléments situés en haut et en bas.

Ci-après, vous verrez deux exemples concrêts qui vous montre une utilisation possible de l'objet **image**.

Exemple de roll over (échange dynamique d'une image par une autre au passage de la souris) :

```html
<html xmlns="http://www.w3.org/1999/xhtml">
    <head>
    <meta http-equiv="Content-Type"
    content="text/html; charset=utf-8" />
    <title>Images en JavaScript</title>

    <script type="text/javascript">
    var oImage1 = new Image(200,200);
    oImage1.src = "image1.png";

    var oImage2 = new Image(200,200);
    oImage2.src = "image2.png";

    function updateImage(oImage)
    {
        document.images[0].src = oImage.src;
        return;
    }
    </script>
    </head>
    <body>
    <center>
    <br /><br />
    <img src="image1.png" name="logo"
    onMouseOver="updateImage(oImage2)"
    onMouseOut="updateImage(oImage1)">
    <br /><br />
    </center>
    </body>
</html>
```

Exemple de bannière dynamique :

```html
<html xmlns="http://www.w3.org/1999/xhtml">
    <head>
    <meta http-equiv="Content-Type"
    content="text/html; charset=utf-8" />
    <title>Images en JavaScript</title>

    <script type="text/javascript">
    var iNbreImageMax = 4;
    var iNumeroImage = 1;
    function changeImage(){
        iNumeroImage++;
        //repars a la premiere
        if ( iNumeroImage >= iNbreImageMax )
        iNumeroImage = 1;

        document.images[0].src =
        "image"+iNumeroImage+".png";
        return;
    }
    function startChrono(){
        var id=setInterval("changeImage()",
        5000);
        return;
    }
    </script>
    </head>
    <body onLoad="startChrono()">
    <center>
        <img src="image1.png" name="logo">
    </center>
    </body>
</html>
```

Exemples d'affichages de bannières dynamiques avec trois images qui changent toutes les 5 secondes :

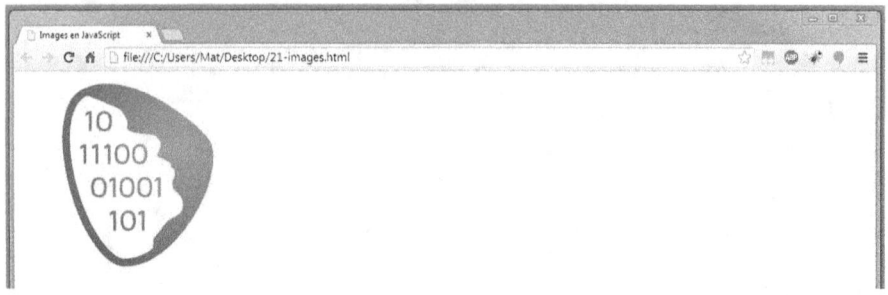

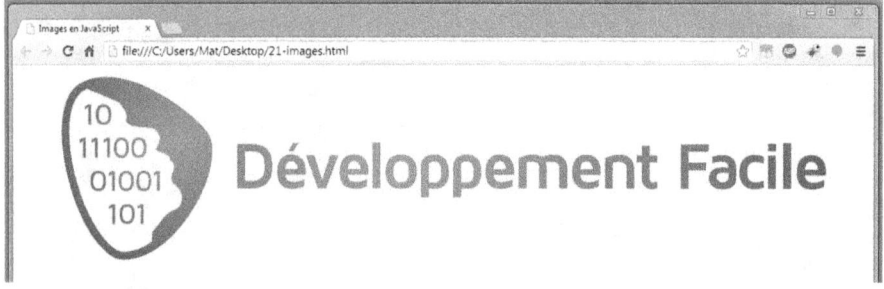

Conclusion

Désormais vous pouvez faire des bannières de défilements, des panoramiques, des zooms, des roll over, etc. Vous avez tout ce qu'il faut pour manipuler les images avec le code JavaScript sans rechargement de la page. Ajoutez les interactions utilisateur dont vous avez besoin.

Cela vous permet d'animer et de dynamiser votre site, ce qui le rendra à coup sûr beaucoup plus attractif pour vos visiteurs.

LE SUCCÈS SUIT L'ÉCHEC

— NAPOLEON HILL

CHAPITRE 24

Utilisez les cookies JavaScript pour conserver les informations de vos visiteurs

Dans ce chapitre, vous allez apprendre à utiliser les cookies en JavaScript. Un cookie est un fichier qui est stocké sur l'ordinateur de l'utilisateur. C'est un petit fichier texte qui contient une chaîne de caractères et qui permet de stocker des informations sur l'utilisateur mais aussi ses actions. Il existe aussi des cookies dans d'autres langages comme en PHP mais vous pouvez les combiner avec des cookies JavaScript. Les cookies sont omniprésents sur les sites internet, et leur principal objectif est de gérer la session de l'utilisateur. Il va ainsi sauvegarder ce que fait l'utilisateur sur le site pour faciliter sa visite. Il peut ainsi servir à sauvegarder un panier pour ne pas le perdre pendant que l'utilisateur navigue de page en page. Il peut aussi servir à sauvegarder des identifiants de connexion pour que l'utilisateur n'ai pas à les saisir à chaque visite.

L'objet cookie

Pour créer un cookie avec JavaScript vous devez utiliser l'objet **cookie** qui est un objet enfant de l'objet **document**.

<u>Syntaxe :</u>

```
document.cookie = "chaine de caractères"
```

La chaîne de caractères doit avoir une certaine structure pour être valide en tant que cookie. Elle doit reprendre les éléments suivants :

- Un nom avec une valeur associée.

- Une date d'expiration au format anglais (exemple : Sun, 25-Oct-2014 15:30:00 GMT).

- Un domaine et un chemin pour indiquer quel répertoire de quel serveur y aura accès (optionnel).

<u>Exemple :</u>

```
document.cookie = "nom_cookie=moncookie;
expires=Thu,01-Jan-2015 00:00:01 GMT; path=/"
```

Les cookies : ajouter des informations

Vous pouvez affecter un nom de domaine à un cookie. Ce cookie ne sera alors valable que sur ce domaine précis. Vous pouvez également spécifier une URL au cookie et il est possible de rendre la connexion sécurisée https obligatoire pour lire et modifier votre cookie avec l'option **secure**.

Exemple :

```
document.cookie = "nom_cookie=moncookie;
expires=Thu,01-Jan-2015 00:00:01 GMT; path=/;
domain=mondomaine ; secure"
```

Pour créer un cookie facilement, vous pouvez utiliser la fonction suivante :

```
function creerCookie(nom, valeur, nNbreJour)
{
    var expires = "";
    if ( nNbreJour)
    {
    var oDate = new Date();
    oDate.setTime(oDate.getTime()
    +(nNbreDay*24*60*60*1000));
    expires = "; expires="
    +oDate.toGMTString();
    }
    document.cookie =
    nom+"="+valeur+expires+"; path=/";
}
```

Lire un cookie

Tous les cookies créés sont donc stockés dans l'objet **document.cookie**. Pour lire un cookie spécifique, vous devez faire une recherche dans la chaîne de caractères sur le nom de ce cookie. Pour cela, vous devez utiliser les méthodes de l'objet **string** que vous avez vu précédement. Mais pour vous faciliter la tâche et ne pas réinventer ce qui l'est déjà, voici un exemple de code que vous pouvez réutiliser et qui vous permettra de récupérer la valeur d'un cookie à partir de son nom (attention cette fonction n'est valable que pour les cookies créés avec la fonction précédente (creerCookie)) :

```
function lireCookie(nom)
{
    var nomEQ = nom + "=";
    var oCookieSplit =
    document.cookie.split(';');

    for(var i=0;i < oCookieSplit.length;i++)
    {
    var oCookie = oCookieSplit[i];
    while (oCookie.charAt(0)==' ')
        oCookie =
        oCookie.substring(1,oCookie.length);

    if (oCookie.indexOf(nomEQ) == 0)
    return oCookie.substring(
    nomEQ.length,oCookie.length);
    }
    return 0;

}
```

Supprimer un cookie

Pour supprimer un cookie, il suffit de le recréer en mettant une date d'expiration antérieure la date du jour, il ne sera alors plus accessible dans l'objet cookie et dès que le visiteur quittera son navigateur le cookie sera complètement supprimé.

Exemple de code simple pour supprimer un cookie, à partir de la fonction creerCookie précédente :

```
function supprimeCookie(nom)
{
    creerCookie(nom,"",-1);
}
```

Conclusion

Vous savez maintenant comment créer les cookies, les lire et les supprimer. Vous pouvez donc désormais gérer entièrement les cookies et ainsi proposer une navigation assistée à vos visiteurs. Ils n'auront plus besoin de s'identifier à chaque visite mais seulement une fois par mois par exemple. Vous pourrez gérer très simplement un panier pendant la navigation du visiteur, ou gérer des informations de statistique, comme le temps qu'il va passer sur votre site, à quelle date remonte sa dernière visite, etc. Vous pouvez coupler l'utilisation des cookies avec une base de données pour faire des statistiques très précises de vos visiteurs.

Note

**100% DES CHOSES
QU'ON NE TENTE PAS ÉCHOUENT**

– WAYNE GRETZKY

CHAPITRE 25

COMMENT MODIFIER LES LIENS D'UNE PAGE WEB EN DIRECT AVEC JAVASCRIPT

Ce chapitre est dédié à la propriété **links** de l'objet **document**. Comme vous l'avez vu précédemment, il s'agit d'un tableau qui regroupe tous les liens de la page HTML courante. Ces liens sont représentés sous la forme d'objet **link** dont vous allez voir les détails ici. Avec cet objet, vous pourrez accéder aux liens du document HTML pour les lire et les modifier.

L'objet link

La première propriété à connaître concerne le tableau **links** de l'objet **document**. Il s'agit de **length** qui va vous donner le nombre de liens présents dans la page. Cela va vous permettre de faire une boucle pour parcourir tous les liens de la page.

Exemple :

```
for (i=0;i<document.links.length;i++)
```

Pour accéder à un objet **link**, il suffira de faire : document.links[i] où i est l'index d'ordre du lien dans la page (0 pour le premier lien, 1 pour le deuxième, etc.)

Rappel de la syntaxe d'un lien HTML :

```
<a href=" http://www.programmation-facile.
com/" target="_blank">lien</a>
```

Ci-dessous, les propriétés de l'objet :

- **name** renvoie le nom du lien (attribut **name=** de la balise a).

- **target** renvoie le contexte d'affichage de la cible d'un lien, cela permet de savoir si la page s'ouvrira dans la même fenêtre ou dans une nouvelle fenêtre. Renvoi l'attribut **target** de la balise <a>.

- **href** renvoie la cible du lien, cela peut être une URL ou une ancre.

- **text** renvoie le texte situé entre les balises <a> et </a>.

Toutes ces propriétés sont modifiables directement en leur affectant une chaîne de caractères. Vous pouvez ainsi modifier tous les liens dynamiquement directement avec JavaScript.

Exemple :

```
document.link.target = "_self";
```

Ci-dessous, un exemple de fonction pour récupérer les propriétés de tous les liens de la page dans le but de les afficher :

```
function voirLiens()
{
var sTxt = "";
    sTxt += "Il y a : "+
    document.links.length+
    " liens sur cette page.";
    for (i=0;i<document.links.length;i++)
    {
        sTxt += "<br /><br />
        Le texte du lien n°"+
        (i+1)+" :"+document.links[i].text;

        sTxt += "<br />
        La cible du lien n°"+(i+1)+
        " :"+document.links[i].href;

        sTxt += "<br />
        Le contexte cible du lien n°"
        +(i+1)+" :"+document.links[i].target;
    }
    return sTxt;
}
```

Conclusion

L'objet **link** est très intéressant pour faire des traitements JavaScript automatisés sur tous les liens d'une page. Vous pouvez aussi personnaliser ces liens en fonction de vos visiteurs, vous pouvez les identifier de façon à leur proposer, par exemple, leurs pages favorites sur votre page d'accueil.

Avec ce dernier chapitre, vous êtes maintenant pleinement équipé pour rendre votre site complètement interactif et dynamique pour vos visiteurs.

5ÈME ÉTAPE :

En plus...

LES MECS QUI DEVIENNENT BONS SONT CEUX QUI N'ABANDONNENT JAMAIS

— ANONYME

CHAPITRE 26

POURQUOI ET COMMENT UTILISER AJAX
AVEC DES EXEMPLES APPLICATIONS

Maintenant que vous maîtrisez les fondamentaux du langage JavaScript, vous allez pouvoir aller encore plus loin pour faire entrer votre site dans l'ère du web 2.0 avec la technologie AJAX.

Dans ce chapitre, nous allons commencer à vous introduire AJAX et ce qui se cache derrière. AJAX est en fait un assemblage de plusieurs technologies qui sont JavaScript, HTML 5 et CSS 3.

Qu'est ce qui se cache derrière le terme AJAX ?

C'est un acronyme, qui veut dire Asynchronous JavaScript And XML. Cela veut dire qu'avec AJAX, vous allez établir une communication entre le navigateur du visiteur et le serveur Web grâce à JavaScript et au langage XML mais de façon asynchrone, c'est à dire sans attendre la réponse.

En fait, c'est comme si vous posiez des questions sans attendre les réponses, elles arriveront plus tard.

C'est une approche complètement innovante de la conception des pages web. L'objectif est d'optimiser l'interactivité avec l'utilisateur, le confort d'utilisation ainsi que l'ergonomie des sites pour l'internaute.

Ajax est une utilisation avancée de plusieurs technologies que vous devez connaître et qui sont utilisées de manière un cloisonnée. Il y a d'abord le HTML, qui est la page Web qui va être affichée dans le navigateur du visiteur. A cela s'ajoute les feuilles de style CSS pour modifier le rendu d'affichage ; le JavaScript dont vous devez maintenant avoir une bonne maîtrise ; le DOM (Document Object Model) que vous avez abordé dans un chapitre précédent. Vous devez également utiliser le langage XML et le XSL (la feuille de style du XML). Le XML est très pratique pour représenter les données de façon hiérarchique. On peut également rajouter le PHP et MySQL pour l'utilisation des bases de données

Comment fonctionne ces technologies dans une architecture Ajax ?

L'HTML et les feuilles de styles CSS s'occupent de la présentation des pages de façon standardisée dans le respect les normes W3C, comme d'habitude.

JavaScript va s'occuper de modifier l'information présente dans la page HTML avec le DOM et l'objet **document**. Nous allons introduire un nouvel objet JavaScript qui va être au cœur de l'architecture AJAX et qui est **XMLHttpRequest**. Cet objet va servir à communiquer de manière asynchrone avec le serveur Web.

Le langage XML va servir de structure aux données qui seront transmises entre le serveur Web et le navigateur.

L'objet **XMLHttpRequest** effectue des requêtes de façon asynchrone en arrière-plan et de façon complètement transparente pour l'utilisateur.

L'utilisateur interagie avec des éléments sur votre site Internet et derrière, l'objet **XMLHttpRequest** via le JavaScript interroge le serveur, récupère les données dès qu'elles sont disponibles et les affiches à l'utilisateur.

Les données récupérées sont au format XML mais sur le serveur, vous pouvez interroger aussi bien un fichier texte, qu'un fichier PHP pour faire des requêtes vers une base données.

L'architecture Ajax est compatible avec la très grande majorité des navigateurs, vous y aurez donc accès sur les téléphones portable, les tablettes, les PC ou les MAC.

Exemple de fonctionnement d'AJAX

Ajax fonctionne généralement de la façon suivante : un internaute arrive sur votre site Internet, la page Web s'affiche dans le navigateur et l'internaute effectue des interactions, il remplit un formulaire, il clique sur tel ou tel bouton. Chacune de ses actions est prise en charge par les événements JavaScript qui les récupèrent et lance des requêtes **XMLHttpRequest** vers le serveur pour l'interroger. Une réponse est ensuite envoyée depuis le serveur et récupérée par JavaScript pour analyse. En fonction de la réponse, JavaScript peut par exemple, modifier le DOM pour afficher une information à l'utilisateur.

Par exemple, vous pouvez demander à l'utilisateur de choisir parmi une liste d'article ce qu'il désire lire. L'utilisateur va sélectionner les articles. Chaque sélections va déclencher un événement pris en charge par JavaScript. Une requête **XMLHtppRequest** va être envoyée au serveur pour récupérer l'article sélectionné. Le serveur va renvoyer l'article au format XML, JavaScript va alors modifier le DOM pour afficher l'article dans un nouveau paragraphe qui sera mis en page par le CSS.

Tout cela est complètement dynamique. Cela permet d'alléger le contenu initial de la page et ainsi gagner en rapidité puisque seuls les articles sélectionnés seront affichés. L'affichage du site sera alors beaucoup plus rapide.

Toute cette procédure se passe de façon complètement transparente pour l'internaute et il n'y a pas besoin de recharger la page.

Donc, d'une part Ajax permet d'accélérer grandement l'affichage des pages Web parce qu'on ne recharge pas toute la page mais juste une partie des éléments qui nous intéresses et cela apporte un bien meilleur confort pour l'utilisateur vu que la page ne se recharge pas, il n'y a que la zone sur laquelle il travaille qui charge, il est guidé, complètement rassuré dans son expérience d'utilisateur avec votre site Internet.

Avantages Ajax

Comme vous l'avez vu, Ajax permet de récupérer de nouvelles données situées sur le serveur Web pour alimenter la page actuelle du visiteur. Ces nouvelles données peuvent compléter celles déjà présentes, mais aussi les remplacer, tout cela sans avoir à actualiser la page. Cela permet un gain de temps énorme pour le visiteur. L'ergonomie est grandement améliorée et le visiteur se retrouve avec un site complètement personnalisé.

L'architecture Ajax est tellement impressionnante qu'il est possible de créer des applications Web qui fonctionnent dans un simple navigateur et qui se rapproche des applications bureaux classiques que l'on connait. C'est une technologie d'avenir qui est de plus en plus intégrée dans le développement des sites web actuels. Son fonctionnement très réactif, permet de complètement reconsidérer l'ergonomie des sites internet en le recentrant sur le visiteur. Celui-ci devient un élément central du site, il n'est plus un simple visiteur mais un véritable utilisateur.

Différents exemples Ajax

De nombreux sites de géants comme Google ou Apple s'appuient complètement sur cette technologie.

Un exemple très simple est Google Suggest, qui va vous suggérer des solutions quand vous tapez un mot dans le moteur de recherche, Google vous propose des mots-clés correspondants, des expressions correspondantes avec le nombre de résultats potentiels juste à côté et cela à chaque lettre que vous tapez.

Google agenda vous permet de gérer votre emploi du temps et celui de votre équipe, si vous êtes chef de projet en toute simplicité, de façon très conviviale et colorée.

Conclusion

Avec cette première introduction, vous savez que la technologie AJAX va apporter un vrai plus pour votre site Web. Cela va cependant vous obliger à repenser quelque peu votre site Web pour le recentrer sur l'internaute et non plus sur le contenu. Ce sera à l'internaute de choisir le contenu de votre site et non l'inverse. En fonctionnant ainsi, le visiteur va se sentir acteur, ce qui va assurément augmenter son affinité à votre site. Cela va permettre à votre site de gagner en popularité et ainsi augmenter le nombre de visiteurs.

VOTRE RÉUSSITE N'EST PAS NÉGOCIABLE

— SÉBASTIEN NIGHT

CHAPITRE 27

À VOTRE TOUR D'UTILISER TOUT LE POTENTIEL D'AJAX GRÂCE À XMLHTTPREQUEST

Dans le chapitre précédent vous avez eu une introduction de la technologie AJAX. Vous allez désormais apprendre à la mettre en place dans votre site. Et vous allez commencer par voir un nouvel objet essentiel à la mise en place de l'architecture AJAX : XMLHttpRequest. Cet objet est au cœur de l'architecture AJAX et vous devez absolument comprendre son fonctionnement avant d'aller plus loin.

Présentation XMLHttpRequest

L'objet XMLHttpRequest, permet d'envoyer des requêtes http vers le serveur et de recevoir des réponses. Cela vous permettra ensuite de mettre à jour une partie de la page web. Cet échange de données se réalise sans jamais avoir à recharger la page Web, et c'est totalement transparent pour votre internaute.

L'objet XMLHttpREquest s'utilise dans une architecture de type client-serveur, et une fois qu'il a été créé, il est entièrement géré par le moteur JavaScript du navigateur. Bien sûr il est présent et utilisable sur la majorité des navigateurs du marché.

Cet objet est donc utilisé pour effectuer une requête http vers le serveur. La réponse est fournie par le serveur directement au navigateur. A vous ensuite avec du HTML, des feuilles de styles CSS, le JavaScript et le DOM d'afficher le résultat d'une façon très lisible pour votre internaute.

L'avantage des applications Ajax, réside dans la dilution de la bande passante car seulement les données qui sont demandées, et qui sont nécessaires à l'utilisateur, sont affichées. Cela permet de grandement alléger la page HTML initial. Celle-ci sera complétée en fonction des interactions du visiteur sans qu'il y ait besoin de recharger la page.

Ça permet une interactivité et une fluidité très accrue pour votre internaute.

Créer un objet XMLHttpRequest

Sur les navigateurs récents comme Google Chrome, Mozilla Firefox, Safari, Opéra ou Internet Explorer à partir de la version 7, vous pouvez utiliser l'objet XMLHttpRequest directement :

```
var oXhr = new XMLHttpRequest();
```

Pour les navigateurs plus anciens Internet Explorer 5 et Internet Explorer 6 il faut utiliser un objet ActiveX :

```
Var oXhr = new ActiveXObject("Microsoft.XMLHTTP");
```

Enfin certain navigateur ne sont pas compatible avec la technologie AJAX.

Exemple de code permettant d'initialisé un objet XMLHttpRequest :

```
var oXhr = 0;

/**
 * vérifie  si la variable oXhr est bien un
objet XMLHttpRequest
 * @return {[type]} [description]
 */
function getOxhr()
{
   if(window.XMLHttpRequest) //Pour navigateur
récent
   {
      oXhr = new XMLHttpRequest();
   }
   else if(window.ActiveXObject)// Pour ancien
Internet Explorer
   {
      oXhr = new ActiveXObject("Microsoft.
XMLHTTP");
   }
   else
   {
     alert("Votre navigateur n'est pas
compatible avec AJAX...");
   }
}
```

Comme vous pouvez le voir, nous utilisons la propriété XMLHttpRequest de l'objet window pour savoir si le navigateur supporte cette fonctionnalité. Si elle fait défaut alors on utilise la propriété ActiveXObject pour créer un objet XMLHtppRequest différement. Enfin si elle aussi fait défaut on envoie un message d'alerte pour indiquer à l'utilisateur que son navigateur n'est pas compatible avec la technologie AJAX.

Les propriétés XMLHttpRequest

L'objet XMLHttpRequest comme la plupart des objets JavaScript possède des propriétés. Pour bien utiliser l'objet il faut impérativement connaître les propriétés suivantes :

- readyState renvoie l'état de la requête :

- 0 pour UNINITIALIZED : l'objet a été créé, mais pas encore initialisé (la méthode open n'a pas été appelée).

- 1 pour LOADING : l'objet a été créé et initialisé mais encore envoyé par la méthode send.

- 2 pour LOADED : l'objet a été envoyé par la méthode send.

- 3 pour INTERACTIVE : le serveur est en cours de traitement et a commencé en renvoyer les données réponse.

- 4 pour COMPLETE : le serveur a fini de travailler et toutes les données sont reçue.

- status renvoie un code numérique correspond à la réponse du serveur http. Parmi les différents codes qui sont retourné les plus courantes sont les suivantes :

- 200 pour signifier que tout est OK (sur certain navigateur il peut également être égal à 0).

- 401 pour indiquer que l'accès au serveur n'est autorisé (il faut surement des identifiants de connexions).

- 403 pour indiquer que l'accès est interdit.

- 404 correspond à une page non trouvé (par rapport à l'URL passé dans la méthode open).

- 500 pour indiquer une erreur interne du serveur.

- statusText renvoie le message lié au code numérique de la propriété status (Par exemple : OK pour 200 ou Forbidden pour 403). Le message dépend du navigateur utilisé.

- responseText c'est la réponse du serveur sous forme de chaine de caractères. Si vous demandez au serveur un fichier texte, il faudra utiliser la propriété responseText pour analyser la réponse.

- responseXML c'est la réponse du serveur sous forme de fichier XML. De même que la propriété précédente, si la réponse est au format XML, utilisez la propriété reponseXML pour l'analyser. Si elle n'est pas au format XML, responseXML aura une valeur null. Pour savoir quel type de réponse fait le serveur vous devez utiliser la méthode getResponseHeader et analyser le Content-Type

Les évènements lié XMLHttpRequest

onreadystatechange est un événement propre à l'objet XMLHttpRequest et qui prend en charge tous les changements d'état de la requête. Il est donc lié à la propriété readyState. Cela vous permet de savoir où vous en êtes dans le traitement de votre requête quand vous interrogez le serveur avec XMLHttpRequest en mode asynchrone. Au final vous pourrez effectuer les opérations nécessaire, par exemple la mise en page du DOM avec les données de la réponse, quand le readyState passera à 4 indiquant que le serveur a fini son travail.

Exemple :

```
oXhr.onreadystatechange = function() {
    if (oXxhr.readyState == 4 && (oXhr.status
== 200 || oXhr.status == 0))
    {
        alert(oXhr.responseText); // Données
textuelles récupérées
    }
};
```

Vous avez également d'autres évènements qui peuvent être rattaché à l'objet XMLHttpRequest :

- **onerror** survient quand la requête ne peut pas être exécuté (en principe dû à une erreur de code).

- **ontimeout** survient quand le serveur met trop de temps à répondre sur requête en mode asynchrone.

- **onabort** survient quand la requête vers le serveur est interrompue.

- **onload** survient quand le serveur a répondu après l'appel à la méthode send. La propriété responseText (ou responseXML) doit alors contenir la réponse complète du serveur.

- **onprogress** survient quand le serveur a commencé à répondre et que des données sont disponibles de façon partielle dans responseText (ou responseXML). Avec cet évènement vous pouvez gérer une barre de progression quand les données en provenance du serveur sont importantes.

Exemple :

```
function onProgress(oEvenement){
    if(oEvenement.lenghtComputable){
        var pourcentage = (oEvenement.loaded
/ oEvenement.total) * 100;
}else{
    //calcul impossible puisque la taille
totale est inconnue
}
}
//appel à la fonction onProgress sur
l'évènement onprogress
oXhr.onprogress = onProgress ;
```

Les méthodes XMLHttpRequest

Avec l'objet XMLHttpRequest vous avez des méthodes qui vont vous permettre d'interagir avec le serveur :

- **open** permet d'initialiser la requête avec une série de données passées en paramètres.

```
open(méthode, URL, asynchrone, nom
utilisateur, mot de passe)
```

méthode : "GET" ou "POST" identique aux méthodes des formulaires en HTML pour transmettre des données au serveur.

- Avec la méthode GET vous allez transmettre les informations dans l'URL en concaténant les données nécessaire derrière le caractère "?" comme pour un formulaire (Exemple : acces.php?login=anonymous& password=anonymous).

- Avec la méthode POST les données seront envoyées en paramètre de la fonction send mais vous aller devoir initialiser un "header" qui contiendra le type d'encodage à l'aide de la fonction setRequestHeader. (Exemple : oXhr.send(login=anonymous&password=a nonymous)).

URL : contient le nom du fichier cible sur le serveur ainsi que son chemin d'accès

asynchrone (optionnel, par défaut à true) : indique le mode synchrone ou asynchrone à utiliser. En mode synchrone, l'appel à la méthode send bloque le navigateur tant que le serveur n'a pas répondu, alors qu'en mode asynchrone il faut surveiller l'évènement onreadystatechange pour savoir quand le serveur a fini de travailler.

nom_utilisateur et mode de passe(optionnel) : permet de spécifier un nom d'utilisateur et un mot de passe si le serveur interrogé en a besoin.

- **send**(données) effectue la requête avec l'envoi d'éventuelles données dans le cas d'un open en type de méthode POST.

- **getAllResponseHeaders** renvoie l'ensemble de l'entête http de la réponse sous forme d'une chaîne de caractères.

- **getResponseHeader** permet d'obtenir une entête http à partir de la réponse du serveur pour savoir le type d'encodage utilisé et permettre un affichage correcte de la réponse.

- **setRequestHeader** va servir à définir une entête http sur la requête avant de l'envoyer au serveur. Cette méthode doit être utilisée en méthode d'open POST pour définir l'encodage des données passé en paramètre de la méthode send.

- **overrideMimeType** est utilisé pour forcer un document à être traité comme un type de donnée particulier. Par exemple : oXhr.overrrideMimeType('text/xml') va forcer le serveur à utiliser responseXML avec un format XML même si le type de donnée (Content-Type) fourni par le serveur n'est pas du XML.

- **abort** ça permet d'annuler votre requête vers le serveur http.

Effectuer une requête

Pour effectuer une requête, il suffit d'utiliser d'abord la méthode open avec les bons paramètres puis la méthode send avec les données en paramètre si vous décidé d'envoyer les données au serveur par la méthode POST.

Exemple en mode synchrone :

```
oXhr.open('GET', monfichiertexte.txt, false);
oXhr.send(null);
alert(oXhr.responseText);
```

Comme on utilise la méthode d'envoi GET il faut préciser un paramètre null à la méthode send.

Exemple en mode asynchrone :

```
oXhr.open('GET', monfichiertexte.txt, true);
oXhr.onreadystatechange = function() {
    if (oXxhr.readyState == 4 &&
    (oXhr.status == 200 || oXhr.status == 0))
    {
        // Données textuelles récupérées
        alert(oXhr.responseText);
    }
};
oXhr.send(null);
```

Exemple avec la méthode d'envoi POST :

```
function connexion(user, password){
oXhr.open('POST', connexion.php, true);
oXhr.setRequestHeader('Content-Type',
'application/x-www-form-urlencoded');
var data = "user="+user+"&password="+password;
oXhr.onreadystatechange = function() {
    if (oXxhr.readyState == 4 &&
    (oXhr.status == 200 || oXhr.status == 0))
    {
        if(oXhr.responseText != "OK")
        alert("Mot de passe ou "+
        "nom utilisateur incorrecte");
    }
};
oXhr.send(data);
}
```

Conclusion

L'objet XMLHttpRequest est vraiment le cœur de la technologie AJAX, il faut absolument le maîtriser et comprendre son fonctionnement pour faire du développement AJAX. Avec ce chapitre vous avez maintenant en votre possession tout ce qui est nécessaire pour la mise en place d'un site avec une architecture AJAX. Dans les chapitres suivants nous allons vous donner des exemples d'utilisation plus précis pour vous aider à démarrer plus facilement, mais ce chapitre contient tout ce dont vous avez besoin pour implémenter la technologie AJAX dans vos applications Web et rendre vos sites plus fluides et plus interactifs en rendant l'utilisateur, acteur de sa visite.

Note

....
....
....
....
....
....
....
....
....
....
....
....
....
....
....
....
....
....
....
....
....
....
....
....
....
....
....
....
....
....
....
....
....

QUOIQUE VOUS PUISSIEZ FAIRE OU RÊVEZ DE FAIRE, COMMENCEZ-LE

— FABRICE GRINDA

CHAPITRE 28

EXEMPLE D'UTILISATION D'AJAX

Dans ce chapitre vous allez voir deux utilisations concrètes d'AJAX pour vous aider à l'implémenter dans votre site Web. Son utilisation est au final assez simple et reprend systématiquement le même mode opératoire. Si vous comprenez bien les exemples suivant alors vous pourrez facilement le mettre en œuvre dans votre propre site Web.

Déclaration d'un objet XMLHttpRequest

Comme vu dans le chapitre précédent nous utiliserons toujours la même façon de créer un objet **XMLHttpRequest** pour que votre site soit compatible avec le maximum de navigateur :

```
var oXhr = 0;
if(window.XMLHttpRequest {
    oXhr = new XMLHttpRequest();
}else if(window.ActiveXObject{
    oXhr = new ActiveXObject("Microsoft.XMLHTTP");
}else{
    alert("Votre navigateur n'est pas
    compatible avec AJAX");
}
```

Mise en place de l'évènement onreadystatechange

Il faut surveiller l'évènement **onreadystatechange** pour savoir quand la requête au serveur est terminée en mode asynchrone afin d'interpréter la réponse.

```
oXhr.onreadystatchange = function(){
    if(oXhr.readyState==4 && oXhr.status==200)
    {
    //ici votre code de recuperation de la
    //réponse
    }
}
```

Envoie de la requête

Pour envoyer la requête il faut appeler les méthodes **open()** et **send()**.

Dans l'exemple suivant on spécifie que la requête utilisera la méthode GET, l'URL à contacter sera ici un simple fichier texte et l'exécution se fera de façon asynchrone :

```
oXhr.open("GET", "monfichier.txt", true);
```

Ensuite il suffit juste d'envoyer la requête en appelant la méthode send :

```
oXhr.send();
```

Exemple complet de récupération et d'affichage d'un fichier texte sur un serveur :

Partie JavaScript

```javascript
var oXhr = 0;
function getOxhr(sFileLoad, sCmd){
if(window.XMLHttpRequest){
   oXhr = new XMLHttpRequest();
}
else if(window.ActiveXObject){
   oXhr = new ActiveXObject("Microsoft.XMLHTTP");
}else{
     alert("Votre navigateur n'est pas
     compatible avec AJAX...");
     return;
}
oXhr.onreadystatechange = function(){
oDiv = document.getElementById("leDiv");
if(oXhr.readyState == 1)
   oDiv.innerHTML += "<br />Status: 1 (loading)";
if (oXhr.readyState == 2)
   oDiv.innerHTML += "<br />Status: 2 (loaded)";
if (oXhr.readyState == 3)
   oDiv.innerHTML += "<br />Status: 3 (interactive)";
if (oXhr.readyState == 4)
   oDiv.innerHTML += "<br />Status: 4 (complete)";
if(oXhr.readyState==4 && oXhr.status==200){
     document.getElementById("reponseServeur")
     .innerHTML = oXhr.responseText;
}
}
oXhr.open("GET", sFileLoad, true);
oXhr.send(null);
}
```

295

Partie HTML

```
<html lang="fr">
<head>
<title>HTML5 JavaScript AJAX</title>
<meta charset="UTF-8">
<script type="text/JavaScript">
<!-- insérer ici le code JavaScript ->
</script>
</head>
<body>
    <div id="leDiv">La Méthode Développement
    Facile</div>
    <p><input type="submit" id="btnId4"
    value="Charger le fichier txt"
    onclick="getOxhr('09-ajax.txt');" /></p>

    <div id="reponseServeur">Chargement en
    attente...</div>
    <br /><br />
</body>
</html>
```

Le fichier texte '09-ajax.txt' contient juste :

```
Exemple de texte dans un fichier texte
```

Résultat d'exécution :

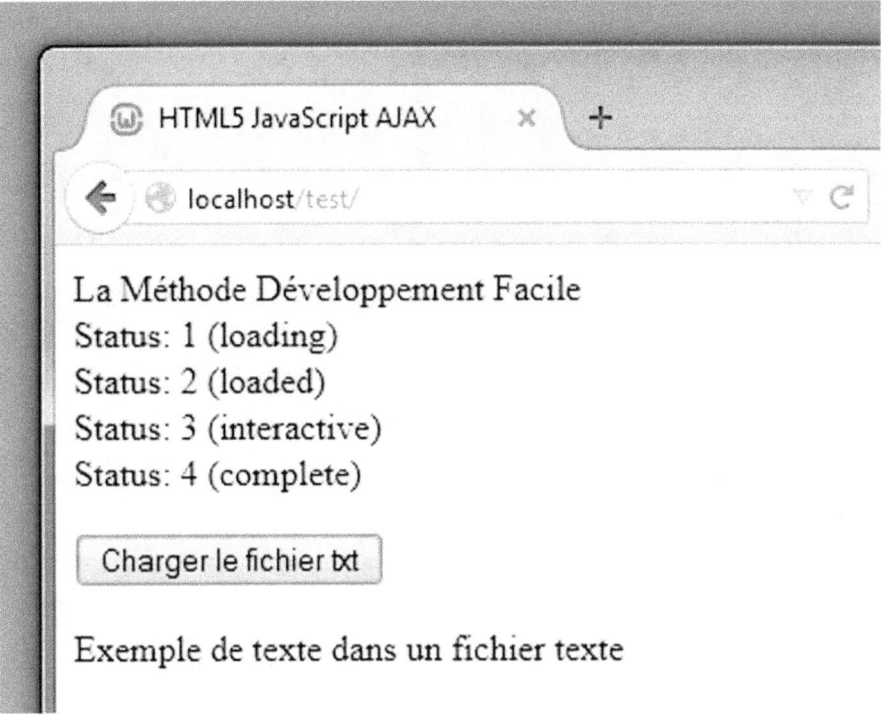

Vous pouvez aussi récupérer un fichier XML et l'afficher avec un formatage particulier :

```
<html lang="fr">
<head>
<title>HTML5 JavaScript AJAX</title>
<meta charset="UTF-8">
<script type="text/JavaScript">
function afficherContentXml(oXmldocument){
var sContentDiv = " ";
var items =
oXmldocument.getElementsByTagName("personne");
for (var i = 0; i < items.length; i++)
{
    // récupère les infos de la personne
    sContentDiv +=
    items.item(i). getElementsByTagName(
    'nom')[0].firstChild.data+" ";
    sContentDiv +=
    items.item(i).getElementsByTagName(
    'prenom')[0].firstChild.data+" - ";
    // récupère l'attribut du noeud personne
    sContentDiv += "Fonction : "+
    items.item(i).attributes.getNamedItem(
    "class").nodeValue+"<br/>";
    sContentDiv +=
    items.item(i).getElementsByTagName(
    'telephone')[0].firstChild.data+"<br/>";
    sContentDiv +=
    items.item(i).getElementsByTagName(
    'email')[0].firstChild.data+"<br/>";
    sContentDiv += "_____<br/>";
}
var target =
document.getElementById("reponseServeur");
target.innerHTML = sContentDiv;
}
```

```
var oXhr = 0;

function getOxhr(sFileLoad)
{
if(window.XMLHttpRequest){
    oXhr = new XMLHttpRequest();
}
else if(window.ActiveXObject){
    oXhr = new ActiveXObject("Microsoft.XMLHTTP");
}

oXhr.onreadystatechange = function(){
    if(oXhr.readyState==4 && oXhr.status==200){
      var oXmldocument = oXhr.responseXML;
      afficherContentXml(oXmldocument);
    }
}

//le random pour éviter la mise en
//cache du navigateur
oXhr.open("GET",
      sFileLoad+"?rand="+Math.random(),
      true);
oXhr.send(null);
}
</script>
</head>
<body>
      <p><input type="submit" id="btnId4"
      value="Charger le fichier xml"
      onclick="getOxhr('10-ajax-xml.xml');" />
      </p>
      <div id="reponseServeur">Chargement en
      attente...</div>
      <br /><br />
</body>
</html>
```

Vous remarquerez que dans la fonction **open** nous ajoutons un paramètre "rand" à l'URL. Ceci afin d'éviter la mise en cache du navigateur. En effet, les navigateurs récents ont tendance à mettre en cache les données dans le but d'accélérer l'affichage des pages internet. Avec cette simple astuce votre visiteur aura toujours la dernière version des données en provenance du serveur.

Format du fichier XML :

```xml
<?xml version="1.0" encoding="utf-8"?>
<annuaire>
    <personne class = "Profession1">
        <nom>Aaaa</nom>
        <prenom>Prénom1</prenom>
        <telephone>00 00 00 00 01</
telephone>
        <email> aaaa.prenom1@dev-facile.
com</email>
    </personne>
    <personne class = "Profession2">
        <nom>Bbbb</nom>
        <prenom>Prénom2</prenom>
        <telephone>00 00 00 00 02</
telephone>
        <email>bbbb.prenom2@dev-facile.com</
email>
    </personne>
</annuaire>
```

Exemple de résultat :

Conclusion

Avec ces exemples concrets d'utilisation d'AJAX, vous savez désormais comment interroger le serveur avec l'objet **XMLHttpRequest**. Vous pouvez réutiliser le code des fonctions puisque celles-ci ne changeront pas énormément d'un cas à l'autre. Pour aller plus loin, vous pouvez maintenant interroger un fichier php sur le serveur pour faire des requêtes dans une base de données de façon totalement asynchrone. Vous pouvez également prévoir une barre de chargement en analysant l'évènement **onreadystatechange**.

Note

TU PEUX RESTER IMMOBILE DANS LE COURANT D'UNE RIVIÈRE, MAIS PAS DANS LE MONDE DES HOMMES

— PROVERBE JAPONAIS

CHAPITRE 29

Réalisez votre propre Google Suggest

Dans ce chapitre, vous allez voir un exemple complet d'utilisation de JavaScript, avec l'utilisation des évènements, des objets, du DOM et d'AJAX.

Si vous utilisez Google régulièrement vous avez dû constater que le moteur de recherche vous suggère des mots au fur et à mesure que vous saisissez votre texte. Avec AJAX vous pouvez très simplement arriver au même résultat.

Vous allez découvrir comment réaliser cela très simplement. Nous prendrons l'exemple des départements français. Au fur et mesure que vous saisirez un nom de département, le site vous suggèrera des départements existants qui pourraient correspondre.

Partie HTML

Pour la partie HTML vous avez simplement besoin d'un formulaire avec un champ de saisi :

```html
<html lang="fr">
<head>
<script type="text/JavaScript" src="suggest.js">
</script>
</head>
<body>
<header>
  <span id="titre">Developpement Facile</span>
</header>
<br /><br />
<form action="">
  Tapez votre Département :
  <input type="text" id="formulaire" /><br />
  <div id="popups"> </div>
</form>
<br/><br/>
</body>
</html>
```

Partie CSS

Dans cette partie vous allez simplement mettre en forme le formulaire de saisi de façon à le rendre plus attrayant à l'usage, en plus de prévenir l'utilisateur que l'ensemble de lettre qu'il a saisi ne peut aboutir sur un département en changeant la couleur de fond du formulaire en rouge.

```css
<style type="text/css">
body{
    font-family: Arial;
}
#formulaire {
    width: 400px;
    font-size: 14px;
    margin: 10px;
    padding: 5px;
    background-color: #5882FA;
}

.suggestions { background-color: #819FF7;
        padding: 2px 2px;
        border: 1px solid #000;}

.suggestions:hover, .suggestions:focus {
    background-color: #8A0886;
    cursor:pointer;}

/* la liste des suggestions */
#popups { position: absolute;
        margin-left: 200px;}

#formulaire.error { background-color:
#DF0101;}
</style>
```

307

Partie JavaScript

La partie Javascript, va d'abord consister en la récupération via AJAX d'un fichier XML contenant tous les noms de département au chargement de la page.

Une fois le fichier récupéré, il sera parcouru afin d'en récupérer les éléments pour les insérer dans un tableau.

Appel de la fonction d'initialisation au chargement de la page :

```
window.onload = initAll;
```

Variable pour l'objet XMLHttpRequest :

```
var oXhr = 0;
```

Le Tableau où seront stockés tous les départements :

```
var aDepartements = new Array();
```

La fonction d'initialisation, avec l'ajout des évènements et la récupération du fichier XML contenant tous les départements :

```
function initAll()
{
// Ajout d'un écouteur évènement du clavier
document.getElementById(
"formulaire").onkeyup = searchSuggest;
if(window.XMLHttpRequest){
   oXhr = new XMLHttpRequest();
}
else if(window.ActiveXObject){
   oXhr = new ActiveXObject("Microsoft.XMLHTTP");
}
// écoute l'événement AJAX
oXhr.onreadystatechange = function(){
// récupère la réponse du serveur
if(oXhr.readyState==4 && oXhr.status==200)
{
  var oXmldocument = oXhr.responseXML;
  var sDep =
  oXmldocument.getElementsByTagName("item");
  for(var i=0; i<sAllDepartements.length; i++)
  {
    aDepartements[i] =
    sDep[i].getElementsByTagName(
    "dep")[0].firstChild;
  }
}
// recherche du fichier des départements
// sur le serveur
oXhr.open("GET",
    departement_suggest.xml+
    "?rand="+Math.random(),
    false);
oXhr.send(null);
}
```

La fonction de suggestion qui est appelé à chaque fois que le visiteur tape une lettre dans champs de saisi du formulaire. Cette fonction commence par récupérer la ou les lettres saisies puis parcours le tableau contenant tous les départements de façon à trouver des départements correspondant à la recherche. Les éléments trouvés sont ajoutés dans la balise **popups** du document HTML.

Sur chacun de ces éléments on ajoute un écouteur d'évènement de clique de la souris qui permettra de finaliser la saisi de l'utilisateur dans le formulaire :

```
function searchSuggest()
{
//Récupération du champ saisi
var str = document.getElementById(
"formulaire").value;

document.getElementById(
"formulaire").className = "";

 if (str != "")
 {
  document.getElementById("popups").innerHTML ="";

  for (var i=0; i< aDepartements.length; i++){
    var ce_departement =
    aDepartements[i].nodeValue;

    if (ce_departement.toLowerCase().indexOf(
    str.toLowerCase()) == 0){
      var tempDiv =
      document.createElement("div");
      tempDiv.innerHTML = ce_departement;
```

```
//Ajout écouteur de l'événement de clic
     tempDiv.onclick = userChoice;
     tempDiv.className = "suggestions";
//Ajout d'un département dans la balise popups
     document.getElementById(
     "popups").appendChild(tempDiv);
     }
  }
  var liste = document.getElementById(
  "popups").childNodes.length;

//Aucun resultat, affichage en erreur grâce au CSS
  if (liste == 0){
     document.getElementById(
     "formulaire").className = "error";
  }
//Affiche le département correspondant à
//la saisie de l'utilisateur si la liste ne
//contient plus qu'un seul élément
  if (liste == 1){
     document.getElementById(
     "formulaire").value =
     document.getElementById(
     "popups").firstChild.innerHTML;
     document.getElementById(
     "popups").innerHTML = "";
  }
 }//fermeture if (str != "")
}//fin de function
```

La dernière fonction servira à remplir le champ du formulaire lorsque l'utilisateur cliquera sur un champ suggestion.

```
function userChoice(evt)
{
    var thisDiv = (evt) ? evt.target :
window.event.srcElement;

    document.getElementById("formulaire").
value = thisDiv.innerHTML;
    document.getElementById("popups").
innerHTML = "";
}
```

Résultat de l'exécution du script :

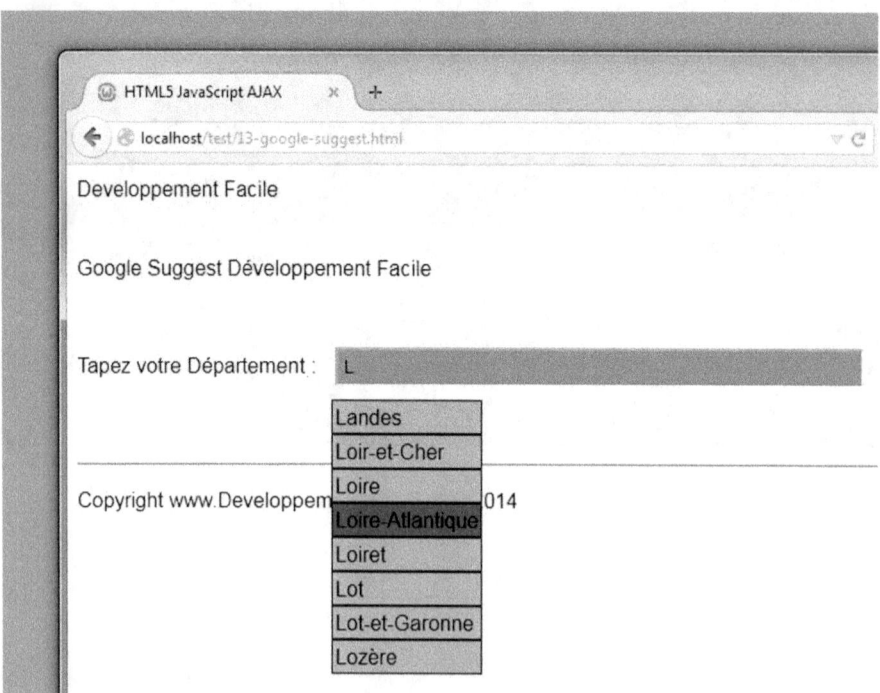

Conclusion

Avec ce chapitre vous avez un exemple complet d'utilisation des nombreuses fonctionnalités de JavaScript. Vous pouvez améliorer cet exemple, en allant beaucoup plus loin, par exemple en intégrant une recherche type Google suggest à votre forum.

Vous pouvez aussi améliorer la fonction AJAX pour n'interroger le serveur que si l'utilisateur saisi quelque chose, même interroger le serveur avec les lettres saisi par le visiteur et ainsi restreindre le fichier à aller chercher sur le serveur pour accélérer les réponses.

ALLEZ PLUS LOIN !

Savez-vous comment créer des applications JavaScript deux à trois fois plus rapidement et qu'elles soient toujours aussi performantes ?

Regardez cette vidéo gratuite créée par Matthieu :
http://www.programmation-facile.com/chapitre-js

Vous découvrirez comment utiliser toute le potentiel du langage JavaScript avec trois stratégies de programmation avancées pour amener votre expertise JavaScript au niveau supérieur !

Recevez également en cadeau, en passant par cette page :
La formation JavaScript Facile en vidéo avec des conseils concrets accompagnés d'exemples de code source pour améliorer votre programmation.

Une formation vidéo offert pour aller beaucoup plus loin avec le langage JavaScript et augmenter votre expertise pour devenir le développeur que tout le monde veut suivre.

Et plusieurs autres surprises et cadeaux !

Qui est Matthieu ?

Matthieu, expert en développement applicatif est un développeur dynamique et curieux, qui a conçu de nombreuses applications performantes dans différents langages. Il possède une expérience d'une dizaine d'années de développement avec les langages JavaScript, php, ActionScript, MySQL, C, Assembleur...

Les compétences de Matthieu l'ont amené à travailler aussi bien pour des startups que pour des entreprises à envergure internationale. Ces diverses expériences lui ont permit de créer une Méthode unique pour enseigner la programmation aux développeurs ambitieux désirant créer des applications performantes dans leurs langages de programmation.

Pour contacter Matthieu afin d'obtenir des informations sur sa Méthode unique d'enseignement du développement JavaScript Expert, visitez :

http://www.formation-javascript.tv

REMERCIEMENTS

Comme chacun des ouvrages de cette série, Les 5 Étapes pour Créer des Applications JavaScript Performantes a été un travail d'équipe.

J'adresse donc un remerciement chaleureux à l'effort de création et de relecture de l'ouvrage ; tout particulièrement à Mathieu et Ondine qui l'ont transcrit et mis en forme et qui l'ont relu plusieurs fois pour y apporter leurs corrections.

Et également, merci à vous, lecteurs, pour vous être lancé dans l'aventure de la programmation JavaScript qui vous mènera à concevoir des applications et des projets passionnants pour des clients intéressants... Une aventure qui commence en améliorant vos compétence en développement JavaScript dès aujourd'hui !

www.ingramcontent.com/pod-product-compliance
Lightning Source LLC
Chambersburg PA
CBHW051442170526
45166CB00001B/77